転職間もない保険セールスマンに贈る

断られない
テレアポとアプローチトーク

西 一俊
Kazutoshi Nishi

近代セールス社

はじめに

「もう、行くところがない！」となる前に

生命保険は、「一人が万人を支え、万人が一人を支える」という理念に基づいた素晴らしい仕組みの金融商品です。しかし、素晴らしい金融商品にもかかわらず、その営業は皆さんの予想をはるかに超え、難しく厳しかったのではありませんか？　そんなことはないと思っている方は、この本を読む必要はまったくありません。

本書は、苦戦しているあなたへ、ぜひともお伝えしたいことがあって執筆しました。それは、「一人でも多くの生保営業マンを救いたい！　力になりたい！」という思いからです。生保勤務歴30年を超えて、筆者は多くの退職者を見てきました。どの会社でも、本社の研修担当者や支社の新人育成担当者が、何とか救えないものかと、さまざまな支援をしているかと思いますが、退職者は一向に減ることはなく、もどかしく思っていました。

筆者がこの業界に入った当時、こんなことを言われました。今でも鮮明に覚えていま

す。それは「生命保険営業は、半年できたら1年できる、1年できた人は3年できる、3年できる人は10年できる…」と。ところが、いや、だからだと言うべきですが、筆者にとってみても最初の半年が一番の難関でした。というのも、この時点の脱落者（退職者）が圧倒的に多いからです。ずっと原因を考えていましたが、あるとき気づきました。アプローチの方法に少しの工夫を加えることで、多くの保険営業を救えるのではないかと。

当然ながら、その方法は会社が踏襲してきたこれまでのスタイルではありません。したがって、変えるとなると印刷物や社内のシステムなど、大がかりな変更が想定され、正式な研修に取り入れることは困難だろうと考えました。しかし、出版という形ならそんな支障もなく多くの方の目に触れることができるのではないかと考え、今回、近代セールス社のご協力を得ることにしました。

ここで少し自己紹介をさせていただきます。筆者は30歳の1987年1月に、公募である外資系生命保険の営業マンになりました。サラリーマンから個人事業主への転身です。入社1年目は、ハラハラ、ドキドキしながら、夢中で動いた結果、査定基準をギリギリでクリアすることができました。今、振り返っても、この年が一番苦しいときでした。経費は自分持ちでしたが、年収はサラリーマンだった前年度の1・5倍になり、苦労は十分に報われていると実感はしましたが…。

2年目に入ると紹介も出るようになり、会社の海外コンベンションにも基準の2倍の挙績で入賞することができました。実は、転職した1年目に結婚したのですが、そのときお預けにしていた新婚旅行は、この2年目のコンベンション入賞で実現でき、家内を喜ばせることになります。そして、収入も2倍へと大きく膨らんでいきました。しかし、入社して1年目が過ぎたあるとき、営業マンとして同期入社した60人のうち、53人が退職していたことに気づいたのでした。

本書には、筆者の営業経験、営業教育部のトレーナーとしての経験、支社業務での経験のエッセンスをまとめています。少しでも生命保険の営業に悩む皆さんの参考になれば幸いです。

2018年12月

西　一俊

目次

Contents

第3章●新しいアプローチの手法

Contents

第1章 腹は決まっていますか？

なぜ生命保険の営業が困難なのか

生命保険の営業がどれだけ難しいか、それは、今も辞めていく人が少なくないことから、容易に想像がつきます。皆さんのなかで、新卒時に生命保険営業を選んで入社した人はいないでしょう。ましてや、幼いころからの夢だった、という人は皆無だと思います。ほぼ全員が何らかの理由で転職を決意した、あるいは転職は考えていなかったが、スカウトされてという人もいるでしょう。いずれにしても、最終的に生命保険営業になっていたというのではありませんか。

もちろん、転職する職種として営業を選ぶ人は多いと思います。しかし、同じ営業でも生命保険の営業だけはやめておけと、周囲の友人や親せきから反対され、それを押し切って入社した人もいるでしょう。なかには、反対されるのが嫌で、誰にも相談せずにこの生保業界へ転職した人もいるかもしれません。

かく言う筆者もその一人です。誰にも相談せずに転職しました。そして、ある日のことです。多分、皆さんと同じように、すぐに学生時代の親友を数人集め、保険の話を聞いてもらおうと、待ち合わせた都内の喫茶店で「実は転職したよ、生命保険会社に…」と切り出しました。そのとき、友人の一人はこう言いました。「そうか生命保険か、いいなぁ…。でも、まさか営業じゃないよね？」と。筆者は、えっと思いながらも「いや、その営業なんだけど…」と返答した次の瞬間、そこにいた友人全員の顔色がみるみる変わり、しばしの沈黙。いわゆるドン引きとなりました。その後、長く続いた重い空気を今でも忘れることはできません。

当然ながら、友人からは1件の保険契約も預かることはできませんでした。今からその頃に戻ってやり直すことはできません。ですが、この本を手に取ったあなたは今からでも営業の方法を変えることができるのです。

冒頭でも述べたように、多くの新人保険セールスマンは、入社して半年で一つの大きな壁に直面します。つまり、生命保険の営業職に転職しても、**ほぼ半年以内で行き先がなくなり、退職する**ということです。営業マンは商品を販売できなければ終わりです。いくら税務知識や営業の技術が卓越していても、営業する相手がなくなることは終わりを意味します。

新人営業マンが保険販売に苦しむ理由

まず原因の1つめは、生命保険の営業が、とてつもなく競争が激しい世界であること。生命保険営業はパイを奪い合う世界です。生命保険を知らない、加入したことがないという人は、ほとんどいないはずです。しかも、世帯加入率が約9割とほぼ飽和状態にもかかわらず、*国内に41社も生命保険会社がひしめき合っています。

そこにあなたは新人営業マンとして突入してきたのです。友人や知人を一回りしたが、ことごとく断られ、行く先がなくなった、その後は飛び込み営業をしてみたが、まったく通用しなかった。そして、「こんなはずではなかった。あのとき、アドバイスを聞いておけばよかった」などと後悔して、辞めていく人が相変わらず多い業種なのです。

厳しかったのは、無理もないことだと思います。生命保険はすでに銀行でも販売しているうえに、新たに保険ショップなどの代理店が加わっています。そんななかに、つい先日までは保険の素人であるあなたが入ってきたのです。入社前は知らなかったでしょう？生命保険会社が40以上もあることなど…。

思い描いたような営業展開ができなかったもう一つの原因、それは、最初に訪問先としてリストアップした先（見込客）が、あなたが、これまで接触したことのある「知り合い」であるということなのです。次はこれについて説明していきます。

＊生命保険協会会員会社（加盟会社）の数（平成30年12月現在）

第2章

保険営業に求められるもの

1. 生命保険の営業スタイル

「まずは知り合いから」とは、これまでも当たり前のように言われてきています。そして、おそらくこれからも、基本方針として変わることはないでしょう。

「まず知り合いから先にアプローチしなさい」

その通りです。まずは、知り合いに保険の大切さを伝えることができなくて、いったいほかの誰があなたを理解してくれるのかという理論です。

まったく正当なこととして、これまで生命保険業界では信奉されてきています。でも筆者はこれに若干の疑問符を付けました。それは本当かと。知り合いに会って成約、つまり契約に結び付けるためには次の条件が前提になると考えます。

1. 相手があなたの生命保険営業への転職に理解を示してくれていること
2. 保険の必要性はある程度は理解できており、保険に未加入または加入はしているが内

容に不審や不満を持っていること

これらが揃っていれば、知り合いにアプローチしても成功率はかなり高いでしょう。ですが、そんな条件の揃った人があなたの周りにどれだけいるでしょうか？

保険会社の営業に転職と聞いただけで、貝のように心を閉ざし、多くの保険会社からアタックされたあげく、商品の内容も分からず根負けして加入したような人が多いのではないですか。あなたが、生命保険の営業に転職したといって、称賛し受け入れてくれる気持ちの優しい人たちが、周りにどのくらいいますか？　残念ながらおそらく一人もいないのではないかと思います。

知り合い、つまり、あなたが相手のことを知っているということは、同じようにあなたがアプローチしてきた人たちも、アプローチしようとしている人たちも、あなたのことを知っているのです。つまり、**あなたのことを、〝最近までまったく違う業種で働いていた人間〟という事実を知っている**のです。

「今日から保険のプロになりました！」とあなたが宣言しても、それは、あなたの独りよがりでしかありません。残念ながら相手は、そうは思っていないのです。それは、昨日までのあなたを知っているから…。前職の知り合いへのアプローチが難しい理由は、ここにあります。

さらに、知り合いである彼らは、あなたの転職先が生命保険の営業という事実に驚いています。あなたが見込客としてリストアップしたほとんどの人たちは、困惑しています。あなたのことを心配している人もいるかもしれません。そういう人たちは、あなたから保険の話を聞かされることになれば、もう一件、保険を勧誘されるのではないかと思うのが自然です。

あなたは、大切にしている人や知り合いのところに真っ先に駆け付け、「生命保険の大切さと機能や役割を伝えたい！」そう、思っています。気持ちはよく分かります。でも、その純粋で熱い気持ちとは裏腹に、あなたの（アプローチする）相手は、あなたの気持ちや思いを理解する前に、「困ったな…。もし、来たらどうやって断ろうかな」と警戒しているのです。つまり、人というのは、保険のことは常日頃考えていないどころか、どんな加入内容だったかも、ほとんど覚えておらず、入っているからもう大丈夫だという認識なのです。

日々の活動はジレンマとの闘い

あなたは、知らないところへ営業に行って嫌な思いや苦労をするよりは、知っているところに行って保険の話をしたいし、しなければならないと考えています。しかし、あなたのことをよく知っている人ほど、あなたが新人の保険営業だと分かっています。あなたは、このジレンマと闘いながら、警戒心で一杯の相手にアプローチしてきたのです。

上手にやんわりと追い返されたことに気づかなかったあなたは、それでも熱心に（相手からすれば執拗に）面談すべく、〝手を替え品を替え〟アプローチを繰り返します。そうしているうちに居留守を使われ、メールも来なくなり、会えなくなってしまいます。

きっと相手は分かってくれる、だから気持ちが通じるまで通い続ける、連絡し続ける。

これは、昔から脈々と続けられている保険営業のスタイルです。なかにはこのスタイルが通じる相手もいるでしょう。足しげく活動し、運良くそういう人に巡り合い、徐々に行先（マーケット）が広がり、生き残る保険セールスもいます。

しかし、残念なことに多くの場合、そうはなりません。そんな営業をするには時間が足りません。歩合給ですから、査定期間中に一定の成績を挙げられなければ、給与は維持できません。そして、大多数の新人保険セールスマンは、こんなはずじゃなかったと後悔して辞めていくのです。

どうやったら見込客に会えるのか

ここで紹介する方法は、今まで皆さんが教えられてきたセールスマナーやセールススキルとはほんの少し違います。だからこそ、気づかなかったかもしれません。読んでみて「ああ、こんな方法があったのか」「もっと前に知りたかった！」「なぜ、会社は教えてくれなかったのだろう?」などと、思うに違いありません。これは、少しの練習で今まで手が届かなかった見込客の存在がグッと身近になり、明日から使ってみたくなる手法なのです。

ご承知のとおり、営業の仕事については多くのハウツー本が出版されています。しかし、現在流通している本の多くは、プレゼンの手法だったり、クロージングの手法だったりで、面談後のプロセスについての解説ばかりです。ですから、面談はおろか会ってくれる先（行き先）をどうやって作るのかを思案している生命保険営業には、解決の手助けにはなりません。

確信をもって言います。**生命保険営業で最も大事なのは、どうやったらターゲットの相手（見込客）に会えるか**なのです。これは、新人はもちろんベテランも抱えている永遠の課題なのです。いかにして、相手を商談のテーブルに着けさせるかなのです。

皆さんは、すでに商品知識やプレゼン能力は十分に持ち合わせています。ここを聞かれたら、こう答えると支社で先輩や上長を相手に何度も練習しましたからね。ただ、いままで保険の話になる前に断りを受けているだけなので、相手と話さえできれば何とかなると思っていますね。

そう、現在のそして今後の課題は、今日のアポイントと来週のアポイントをどうやって取っていくかなんです。つまり〝アポ取り〟です。入社した頃は会ってくれる人はいました。でも、だんだんと少なくなり、最近では居留守を使われたり、ドタキャンを食らったりで、訪問日程が埋まらない日々が続いているのではありませんか。

行き先さえ確保できれば楽しい仕事

最近のアポイントでのトークといえば、過去に保険の話を切り出した瞬間に断りを受け続けた経験から、話を切り出せなくなり、「保険の話はしませんから…」「保険に入らなくていいですから…」などという陳腐なものになっていませんか？　でも、だまし討ちのように相手に会うのも嫌です。その結果、知り合いにアポを取っても、お茶を飲んで帰るだけになってしまうのです。辞めた多くの営業マンはこう言います。「行き先さえあれば、こんなに楽しい営業はなかった」と。

簡単に言えば、これまで学んだ手法は、保険のターゲットに直接「保険に入ってもらいたいので会ってくれ」とアピールするものです。表現はもう少し婉曲だとしても、要するに、**面と向かった相手に保険を勧める方法で、なかなかアポイントが取れない**のは、これまで経験してきたとおりです。この手法は、あなたの性格には少し合わなかったのかもしれません。

でも、苦戦中の皆さん。まだ大丈夫です！　皆さんは、今日の訪問先がないから、困っているんですよね。毎日の行き先さえ確保できれば、こんな楽しい仕事はないと思っていますよね。だったら大丈夫です。この先に進みましょう。

2. 保険営業に取り組む覚悟はできているか

生命保険の営業では、覚悟を決めて打ち込んでいるかどうかが問われます。商品知識や税務知識より、新人に求められるのは「心意気」です。正確な商品知識は求められて当然ですので、完璧にしておかなければなりません。それ以上に必要なのは心意気です。情熱と言い換えてもいいかもしれません。

先に進める前に、ちょっと待ってください。皆さんの中には、「もう精神論はいいから、ハウツーを早く教えてくれ！」と思っている人もいるでしょう。でも、この心意気、つまり覚悟がきちんとできているか、この生命保険営業をやる覚悟ができているかいないかで、随分結果は違ってきます。何しろ、相手は人間です。あなたという営業マンは見られています。何を見られているかというと…。

ズバリ言います。**「まさか腰掛けのつもりで、仕事しているんじゃゃないだろうな？」「もしかして、また、嫌になったら、すぐ転職するんじゃないだろうな？」**ということなのです。相手も知っています。生命保険営業がやさしいものではないことを。あなたのことをよく知っているからこそ、こう考えるのが自然なのかもしれません。

ハウツーは後ほど紹介しますので、その前に、これから説明する覚悟について、しっかりと腹落ちさせておいてください。

保険に加入する人の気持ちを考えてみてください。相手つまり契約者になる人は、加入してからのことを考えます。「大丈夫だろうか、この人は…」と。自分にいつ、万が一のことが起きるかは分からないが、そのとき、この営業マンは家族の支えになってくれるのだろうか？　これは、とても大切なことです。契約を取ったあとまったくフォローがないという苦情は、筆者も営業先で時々言われた経験があります。そう言いたくなるお客様の気持ちはよく理解できます。

保険の話はよく理解できたので、じゃあ次は契約かと思った瞬間に考えるのでしょう。「この営業マンで大丈夫なのかな？」と。でも、さすがに、これは、**営業マンには侮辱的だろうと思うので、たいがいの人は口に出しません。**なぜなら、相手は大人であり、そして、あなたの知り合いだからです。だから、完璧な商品説明や提案プランができたのに、契約にならなかったとすれば、それは、あなたが、新人であり、その先のことが相手に伝わらなかったからなのです。

アピールするところはそこじゃない！

あなたの何気ない言葉や挙動は見られています。相手に、大丈夫だろうかと心配させるようでは、いくら話ができても見透かされてしまいます。ですから商談は成立しません。「覚悟」がきちんとできているかどうかが大切なのです。世間の多くの営業マニュアルには「覚悟」というパートは欠落しているかもしれません。なぜなら、生保以外の業界ではそれほどの覚悟がなくても、商品知識や商談スキルやサービスの知識を習得していれば、ある程度は対応できるからです。

あなたが現在の保険会社に入社したときのことを思い出してください。入社前は、少し不安な気持ちの方が強かったと思います。でも、生命保険の成り立ちやこれまでの社会への貢献を勉強するにつれ、そして、生命保険の尊い使命・役割を知るにつれ、「早く営業に出て、あの人に伝えたい、この人に話をしたい！」と強く思ったのではないですか？

そうです。あなたは間違っていません。生命保険を正しく理解してほしい！　そして、正しく伝えることで、あなたの大切に思っている人の役に立ちたい！　そう思っているなら大丈夫です。でも…、そこに落とし穴があります。多くの新人がそこを間違えているのです。

新人は何を伝えなければならないか

生命保険の知識や社会的な役割を熱っぽく伝えたい気持ちは大切にしてください。でも、相手がそれ以上に気にしているのは、何でしょうか。それを考えなければなりません。あなたが、真っ先に伝えなければならないのは、生命保険の知識ではありません。もちろん生命保険の知識は大切です。これからプロとして生業にしていくわけですから。しかし、相手は保険のことは聞きたくないかもしれません。繰り返しますが、あなたが生命保険営業の新人であることを知っているんです。

もう、お分かりですね。大切なのは、**あなたがこの仕事を長く続けるという、心意気、決意や覚悟を伝えること**です。今でも「営業は自分を売れ！」とよく言われます。しかし、自分を売るということがよく分からず、若さや笑顔を前面に出すことだと思って営業している人もいるかと思います。ここで断言します。保険セールスの新人が自分を売るということは、決意や覚悟を売ることであると。

相手は、新人であるあなたの保険知識はあまり当てにしていません。それよりも、むしろ、心意気はどうなんだろう、どんな気持ちで、どんな事情があって、この仕事を選んだのだろうと考えています。長く続くのだろうか？　どうせまた転職するんじゃないだろうか？　という疑念と懸念。ですから、相手の疑念が払しょくできないうちに、保険設計書を持って行くなど、セールス・ステップを進めてはいけません。それでは相手に失礼です。

あなたが10年選手なら、相手も心配しないでしょう、むしろ、任せるのではないでしょうか。でも、あなたは、相手から見れば今後どうなっていくのか分からない新人なのです。ですから、しっかりと「覚悟」を持ってもらうことがとても大切なのです。しかし、その覚悟が相手に伝わらなければ意味がありません。では、その覚悟をどうやって伝えるのかを次に紹介します。

3. なぜこの仕事を選んだのか

世の中にはたくさんの職種、つまり仕事があります。そのなかから、なぜ営業を選んだのか、しかも、よりによって生命保険の営業なのかを説明できますか？ さらに言えば、数ある保険会社のなかで、なぜその保険会社をあなたは選んだのかを…。「仕方なく、保険セールスに…」なんていうのは、もっての他です。もう一度、原点に立ち戻り、この点を再確認してください。説得力も随分と違うものになってくるはずです。

1．この会社でなければ実現できない理由をあなたなりに整理できていますか？
2．その理由は相手にキチンと理解・納得が得られるものになっていますか？

これが、相手に覚悟を分かりやすく伝える方法です。

ですから、「ちょっと稼げるかなと思ったので…」なんてことは、本音であっても絶対に口にしてはいけません。相手は、思っています、「なぜ、生命保険営業なんかに…」と。

ここは、とても大切な部分です。生命保険営業プロセスの中で、実は、最大のパートといっても過言ではありません。繰り返しますが、あなたが会いに行く人たちは、あなたの前職を知っています。ですから、あなたの転職理由を聞いて**「なるほど、そうなのか。こ**

いつは応援したいな！」と、思ってもらわなければなりません。その理由は、保険に関する苦い思い出でも、保険に救われた話でも構いません。保険会社の入社説明会で聞かされた話でもいいでしょう。それが契機となり、転職をする気になったというストーリーがいいかもしれません。

少しここで相手の視点に立ってみてください。多くの生命保険会社があり、駅ビルやスーパーには保険ショップもあります。そんな各社が林立した状況で、なぜ、あなたが○○生命の専属の営業となったのかを、この場面で相手に理解してもらい、さらに「なるほど、そうだったのか！」と膝を打って納得してもらう必要があるのです。

自分自身の言葉で話すことが大切

筆者の場合は、変額保険の日本登場が契機となりました。変額保険はアメリカからやってきました。「お客様財産の創造と価値の保全を変額保険で！」そんな企業理念が、当時はぼんやりとしていた自分の営業理念と合致しました。そして、それは入社後の社内研修で、絶対的な確信へと変わりました。

保険業界に入る前は、保険会社の商品はどこも大体同じだと思っていました。大蔵省（当時）が、認可した商品に、会社によって差があるはずはないと。ということは、多くのお客様が同じように考えていても不思議ではありません。その大差がない商品を営業の頑張りだけで売ることは大変です。しかし、そこに風穴を開けたのが、筆者にとっては「変額保険」だったのです。

その商品を研究して確信しました。「よし、これなら、自分は大丈夫だ、知らない人に対してもアピールできる！」話さえ聞いてくれれば、きっと大丈夫だと。ただ、この「話を聞いてもらう」これがどれだけ大変なのかは、その後、自身で経験することになるわけですが…。

しっかりと整理して、いつでも自分自身の言葉で話せるようにしておくことが大切です。先ほどの2つの転職理由に企業理念を加えます。それで次の3つになろうかと思います。

1．あなたの会社の企業理念は何ですか？
2．あなたが今のその会社でないと実現できないと考えた理由は？
3．あなたの転職理由は誰に対しても堂々と話すことができますか？

この部分はしっかりと自分のものとして、いつでも話すことができるように準備しておく必要があります。

4．生命保険セールスお断り

ご存じのとおり、敵を知らなければ、その戦に勝つことができません。保険営業は戦ではありませんが、相手の心理状態を推察・予想しておくことは大切なことです。

繰り返しになりますが、生命保険の営業を始める者にとって、最大の障壁は、おそらくこの生保営業が世の中のあらゆる営業マンの中で、「最も警戒されている」ことです。「おお、よく来てくれましたね。待っていました！」などと歓待してくれるところは、まずありません。逆に、そう言ってくれる人はモラル・リスクが高く、保険金を不正な手段で入手しようと考えており、保険会社からは警戒され、慎重な対応が求められる相手です。

やはり、「セールスお断り」の代表は生保営業ではないでしょうか。相手から警戒されているにもかかわらず、その対処もできないでいれば、次々と未熟なアプローチを繰り返し失敗します。その結果、望む相手にも会えずに、行き先が次々と消滅してしまいます。

仮に１００人の見込客があったとしても、未熟な方法でアプローチしていては、ほとんど門前払いで終わってしまいます。繰り返しますが、**営業マンの一番の問題は「行き先」がなくなること**です。保険には加入しており、これ以上必要ないと考えている相手に、新規に営業するわけです。そんなところから、「生保の営業は、世の中で一番難しい営業」と言われているのです。

保険営業が敬遠されるわけ

そして、なぜ敬遠されるかと言えば、勧められるまま加入したのはいいが、ふさわしい*保険だったかどうか分からず（忘れて）、保険料を払い続けなければならない。その一方で、保険料を払い続けたその成果（死亡保険金）を自分で手にしたり、目にすることがなかなかできない。これらがその理由として考えられます。また、転換をせず将来の満期を楽しみに契約したはずの養老保険でさえ、満期時にはインフレで「あれ、たった300万円？」となってしまう事態も関係しているのではないでしょうか。

敬遠されるもう一つの理由は、自分や自分の家族にとって本当に最適な保険を知る方法が分からないということも考えられます。知人（親戚）の営業マンから、勧められるままに加入したが、相談したいときに担当した営業マンが退職していた。その理由は、会社の求める営業成果が出せなくなり（「査定落ち」と言う）、退職せざるを得なかったなど。そういう話を直接的あるいは間接的に聞くにつれ、保険や保険営業に対する不信感や警戒心などが障壁になっているとも言えます。

＊生命保険の知識についての生命保険文化センターの調査結果によると、生命保険や個人年金に関する知識全般については「ほとんど知識がない」に近いとする割合が66．6％となっています（「生命保険に関する全国実態調査（速報版）」平成30年9月）。

＊生命保険文化センターについて
名称：公益財団法人　生命保険文化センター
設立：１９７６年１月５日
目的：生命保険制度の健全な発展のための諸事業を通じて、国民生活の安定向上、国民の利益の増進に寄与することを目的とする。

最初の面談のアポイントが最大の難関

どうですか？　皆さんもこの業界に転職するまでは、生命保険というものは、セールスレディから勧められて嫌々ながら入るもので、自ら進んで加入するものではないと思っていませんでしたか？　ましてや、売る立場の人間になるなどとは思ってもみなかったのではないでしょうか。

実際に営業活動を始めると「加入する・しないは別にしても、話だけは聞いてくれるだろう」と頼りにしていた友人や前職関係の知人から、親切かつ丁重に断られ続け、「見込客リスト」からは「行き先」が次々に消滅していく経験をした人も多いと思います。

最初から、相手は保険の話は聞いてくれません。なぜなら、興味がないからです。そもそも関心がないし、すでに入っていれば間に合っているわけで、普段、保険のことなど考えていない一般消費者は、ある日保険営業のアプローチを受けた瞬間、「もう1件追加でなんてとても、とても、とても！」となるわけです。ましてや、セールスが知り合いなら、その気持ちはさらに強くなります。

よく、「紹介を取りなさい」とか「紹介入手セールス」などと言われますが、いくら商品の研究をし、プランニングの技術を向上させ、提案しようとしても、**保険の話を聞いてくれる相手がいない限り、その次はあり得ません。**そうですよね。ですから、保険セールスを始めたばかりの新人にとっては、最初の面談のアポイントを取ることこそ、「最大の関門」なのです。

新人でも紹介がもらえるかというと、現実ではかなり厳しいでしょう。保険営業マンの活動において保険の正しい販売以上に大切な活動が、新たな訪問先の獲得、つまり紹介を入手することです。

「生保セールスの極意」「紹介入手の方法」等のハウツー本の中には、相手を期待以上に満足させないと紹介はもらえないと書かれているかと思います。まったくその通りです。あなたの営業マナーや知識・スキルが相手の想定内であれば、感動は生まれません。**紹介を入手するには、相手の満足や期待のレベルを超えること**が求められます。しかし、これはハードルが高く、並みの新人ではなかなかクリアできないのです。

求められる熱心で辛抱強い活動

また、生命保険営業の世界では、毎月一定以上の契約が求められます。1ヵ月はあっという間です。査定期間は保険会社によってまちまちですが、通常は数ヵ月で、1年間の査定（猶予）期間というのは聞いたことがありません。

とにかく、査定期間中に一定の成果を挙げなければ収入を維持できないフルコミッションの給与システムに対応するには、警戒されている相手に対し、熱心で辛抱強い活動に加え、頭も駆使することが求められます。しかし、そんな状況に陥った大方の新人は、査定がプレッシャーとなり、ただただ愚直に訪問を繰り返すだけとなり、結局は門戸を閉ざされてしまうのです。

　通常、人というのは最初の段階では、営業マンがどんなに上手なトークを駆使しても、警戒している気持ちが変わることはありません。むしろ、転職して間もない営業マンが、巧みなセールストークを展開することに不信感を覚えるのではないでしょうか。あなたがお客様の立場だったら容易に想像できるはずです。前置きが長くなりましたが、では、どのようにして、こうした困難・障壁を乗り越えるのかについて説明していきます。

第3章

新しいアプローチの手法

できることなら回避したい

これから説明するアプローチは、今までのものとは少し違う方法です。

仮に、あなたが今日初めて会う営業マンに、「あなたの保険は云々…」と説明されても、「ちょっと待てよ」と引いてしまいますね。それは、あなたの「見込客」も同じです。これが、今まであなたが実践してきた間違った方法です。

日常生活では自分の生命保険がどうなっているかなど考えていません。普段考えてもいないことに対し、ある日突然、どんなに婉曲な手法であっても結局は、「あなたに提案したい!」と言われたら（契約してほしいと感じたら）、「まあ、少し考えさせてよ」となるのが普通です。日頃から保険のことばかりを考えているのは、相手ではなくあなたなのです。

あなたに前職の知人だからといって、急に（または、久しぶりに）接近してきて、何かをセールスされる気配を感じたら、どうしますか？　そうですね、まず断りますね。ましてや、1回の支払いで完結するものではなく、毎月支払いが継続する、よく分からない商品で、かつ、相手が知り合いで親しい人であればあるほど、丁寧かつ、親切に断りを入れるでしょう。それでも、熱心に再度アプローチされるようなら、居留守を使うかもしれませんね。

あなたが、保険の話を聞いてもらいたい相手は、こちらの気持ちとは裏腹に「保険に入らされる」あるいは「義理で入らなければならないのか」などと、モヤモヤした気持ちでいます。そして、できるなら回避したいと考えています。しかし、あなたとしても、見ず知らずの人にセールスするのはハードルが高そうで、それなりに抵抗感があります。

新しい手法について見てみよう

では、ここで新しい方法について具体例を交えながら説明していきます。

これからあなたが会いたいと思っている相手は、前職の取引先の部長です。転職の挨拶はすでにハガキで出しています。ですから、転職の事実は伝わっています。そして、あなたは研修で得た知識をフル回転させてアタックしようと考えています。なぜなら、この部長から紹介がでたら、その顔の広さからして行き先が増えるし、もし部長が入ってくれたら何かと都合がいいからです。

でも、ちょっと待ってください。すでに説明したように、ここで、部長に直接保険の話をすると、丁寧に、いや、もしかしたら、叱られながら断られるかもしれません。しっかりと受け止めてくれる部長であれば、研修で学んだ方法で正面突破すればいいのですが、現実はそう簡単ではありません。ここで失敗したら、前職関係は出入り禁止になるかもしれません。

ターゲットの人物（ここでは吉田部長）と、もう一人のターゲット（ここでは樋口課長）の2人について、あなたも知っていることが条件になります。つまり、部長、課長、あなたの3人が知り合いであることです。名前も知らないような課長ではダメなのです。

今まで、研修などで勉強した方法ではありません。でも、とても簡単です。あなたは、次のように話を展開していきます。

1．事前（電話）アプローチ

パターン１：相手があなたの転職の事実を知っている場合

（「転職の挨拶」のハガキ等を送っている場合を想定）

あなた：「吉田部長、お久しぶりです」
「以前、○○商事でお世話になっていた西です！」

部　長：「おお、西さんですか！　久しぶり。保険会社に転職したんだって？」

●解説

最近は名刺に直通の電話番号や携帯電話の番号が記載されていますが、代表番号の場合もあります。そのときは、「以前お世話になった西と申します。○○部の吉田部長をお願いします」と個人名を名乗って電話を取り次いでもらいましょう。

ここで部長は、考えていた断りの理由で先制攻撃をかけてきて、保険ならたくさん入っているなど、いろんなことを言ってくるでしょう。**でも、あなたは、必ず次の言葉「相談」を言ってください。**世話好きの人なら、誰でも相好を崩すはずです。

あなた：「その節は大変お世話になりました。お電話したのは、実は、ハガキにも書きましたように、ちょっとご相談があるんです」

部　長：「何だぁ!?　まさか、私に保険を勧めるっていう話じゃないよね！（笑）」

「あなたも知ってのとおり、保険は付き合いでたくさん入っているし、娘の大学費用や何やら物入りでね。分かるでしょう?」

「とても、力にはなれないよ。あははは」

●**解説**
やんわりと、しかし、きっぱりとした厳しい断りですね。あなたが転職したことを知っているので、どうやって断ろうかと相手は準備済みです。これまでのあなたなら、「やっぱり、そうですよねー(笑)」と相槌を打ちながら、尻尾を巻いて退散していたかもしれません。そこで、次のように回答します。キーワードは「相談」です。

あなた:「それは、部長クラスになると、いろんなお付き合いがあるとは思っていました。お電話したのは、今後のことで、ちょっとご相談があるんです」

●解説

もしも、相手が保険の加入について予防線を張らず、黙って聞いているようであれば、あなたから先にこう言ってください。

あなた:「吉田部長、まさか、私が保険を勧めるのではないかと思っていたんじゃないですか？(笑)」

注:ここの「かすかな笑い」は大切です。これがないと喧嘩を売ったことになりますので、

必ず小さな笑いを入れてください。

●解説

ここでは、まず部長に保険を勧めるのではないことを伝えます。「吉田部長、もちろん部長のことですから、保険についても、たくさんのお付き合いがあることは分かります（想像に難くありません）」「ですから、吉田部長、私が保険の話をさせていただきたいのは（聞いていただきたいのは）、実は樋口課長なんですが、その前に、今回の転職についてぜひとも部長にご相談がありまして…」

注：ここで課長に電話を転送されないように話をつないでください。

●解説

部長は、自分が保険のターゲットでないことを不思議に思った次の瞬間、「安心」へと心が切り替わります。自分が保険のターゲットでなくなったことから、断りの言葉を考えるのではなく、親切な気持ちで、あなたの話を聞く態勢に入ります。そして、部長には次の疑問が湧いています。「なぜ、部下の樋口課長なのだろう?」と。

部　長…「しかし、何でさぁ、君も知っている樋口課長だったら、自分で直接言えばいいじゃないか?」

●解説

部長はこのように聞いてきます。聞いてこなければ、あなたが部長の心理を次のように説明してください。**相手の思っていることを先に言うことで、その場の緊張がほぐれます。**相手にしてみれば、思っていても口に出しにくい言葉です。これは、ちょっとしたスキルですが、かなり有効なので覚えておいてください。

あなた…「部長、もしかして、今、樋口課長にだったら、自分で直接言えばいいじゃないか、なんて思っていませんでしたか?」

―間を開けず、続けて―

あなた：「イヤですよ、部長。もし、私が直接樋口課長に保険の話をしたら、けんもほろろに断るに決まっているじゃないですか（笑）」

―続けて―

あなた：「何しろ、保険ですから～（笑）」

部　長：「いや、そりゃ、そうだよなぁ。あはは（笑）」

あなた：「…ですよね～！（笑）」（部長と一緒に笑う）

「ですから、部長に樋口課長へ話をつないでいただきたいんです」

「ですが、いきなり以前担当だった私が生命保険の営業に転職したので、保険の話を聞いてやれと言われても、いくら部長からでも樋口課長も困ると思うんですよ」

「今で言うパワハラですか？　そんな風になっても嫌ですしね（笑）」

―すこし間を開ける（相手も笑っている）。ここから、少し真面目な顔に戻ります―

あなた：「そうではなく、どうして私が保険の営業を始めたか、なぜ、樋口課長にお伝えしたいと思ったのか、その辺りの話をまずは部長に聞いてもらってからと思いまして…」

「それで、改めて30分ほど、お時間を取っていただきたいんです」

●解説

ここのポイントは30分と宣言し、時間があまりかかるものではないと思ってもらうことです。通常、相手は営業に長居されることを嫌います。この電話のゴールは、あくまでも面談のアポイントを取ることです。

また、相手は電話で話を済まそう（実は会うのを回避するため）として、いろいろ聞いてくることがあります。**「どんな保険なの？」などと聞かれて、つい張り切って商品の説**

明をしてはいけません。ここは直接会うまでガマンしてください。

普段、保険の話をするチャンスがないので、聞かれると嬉しくなり、電話で一所懸命説明している新人を見てきました。でも、電話で言ってしまっては、そこでおしまいです。もう話すことがなくなり、あなたが部長に会うチャンスはなくなります。電話で全部説明をし終わった後に断られたら、何という理由で会いに行くのですか？

冷静に考えてみてください。生命保険の仕組みを図解なしで口頭で説明できるはずはありません。それは、あなたが、保険の仕組みをどうやって理解してきたかを思い起こしてみれば分かることです。決して電話で保険の説明をしてはいけません。説明しても相手は理解できません。

まして、保険の申込みにつながることは絶対にありません。仮にできたとしても、「無面接募集」といって、コンプライアンス違反になります。

―電話では絶対に長い説明をしないこと。すぐに二者択一のアポイントに移行します―

あなた：「あまりお時間は取らせません。30分位ですが、会社にお伺いする場合、来週の月曜日と水曜日でしたら、どちらがよろしいですか？」

部　長：「そうだな。じゃ、水曜日で」

あなた：「分かりました。では、水曜日の午前か午後ではどちらがご都合よろしいですか？」

部　長：「うーん、午後かな」

あなた：「ありがとうございます。では、水曜日の午後1時に会社にお伺いいたします」

祝　アポイント成功！

●解説

ここで、アポイントの取り方について説明します。

少し脱線しますが、異性をデートに誘う場面を想像してみてください。デートに「行く？ 行かない？」と誘ってはダメです。なぜなら、「行かない」という選択肢を残したことでデートの成功確率は50％となってしまうからです。この方法では、「行く・行かない」で迷った結果、相手に「じゃぁ、行かない」と言われたらおしまいです。

では、どう誘うかというと、「おいしそうな洋食屋を見つけたんだけど、カニクリームコロッケがいい？ それともオムレツにする？」と誘うのです。これなら、相手は何を食べようかと迷い、結局「じゃ、オムレツで」と答えるでしょう。つまり、食事に行かないという選択肢がないため、結局、あなたと食事に行くことになるのです。

この手法は筆者の家内からもされています。デパートの売り場でニコッと振り返り、「ねえ、あなた、この靴とあのバッグどっちがいい？」そこには、どちらも買わないという選択肢は残されていません。とほほ…。結局どちらかを買うことになります。もちろん、彼女の場合スキルと意識しているわけではありません。

これは、今度会うことは当然決まっていて、いつが都合がよいかを選択させてしまうというスキルです。よく使いますので練習しておきましょう。

ポイント●保険に入ってほしいターゲットは部長でなく課長であること
●その前に部長に相談に乗ってほしいと伝えること
●電話で保険の詳しい話はしないこと
●二者択一で次回面談の約束を取り付けること

パターン1－②：同じ設定で最初の電話で失敗する場合

（最初の電話で失敗したパターン＝直通電話の場合は、この限りではない）

あなた：「近代生命の西と申します、○○部の吉田部長をお願いします」

オペレーター：「生命保険会社の方ですか。せっかくですが、そういった営業のお電話はお断りをするように言われておりますので…」

あなた：「いや、あの挨拶だけですが…」

「前職では大変お世話になり、ご挨拶をしたくおつなぎいただけますでしょうか？」

オペレーター：「そういったお電話は、お断りしておりますので…」

「ガチャン！（電話を切られる音）」

●解説

あなたは、代表電話に電話してしまい、オペレーターの女性に社名と用件を話したところ、生命保険の売り込みと判断され、丁寧に断られてしまい、部長までつながりませんでした。代表電話しか分からない場合でも、電話をつないでもらうのが目的ですので、社名を伝えるよりも、「前職でお世話になっていた西です。転職のご挨拶をしたいのですが」と個人名と用件を伝えるようにします。

―受付の電話はクリアして部長に電話がつながりました―

あなた：「吉田部長、お久しぶりです」
「以前、○○商事でお世話になっていた西です！」

部　長：「おお、西さんですか！　久しぶり。保険会社に転職したんだって！」

あなた：「その節は大変お世話になりました。お電話したのは、実は、おハガキにも書きましたように、生命保険会社に転職してご挨拶にお伺いしたいんです」

部　長：「挨拶だったら、ハガキをいただいたことだし、わざわざおいでいただく必要はありませんよ」
「まさか、私に保険を勧めるっていう話じゃないよね！（笑）」

「あなたも知ってのとおり、保険は付き合いでたくさん入っているし、娘の大学費用や何やら物入りでね。分かるでしょう?」

「とても、とても力にはなれませんよ！　あははは！」

あなた：「やっぱ、そうですよねー（笑）」

部　長：「まあ、頑張ってください！」

あなた：「あ、ありがとうございます。とほほ…」

●解説

ここで、あなたは相談ではなく「ご挨拶」という言葉を使いました。転職の挨拶といえばよく使いそうな言葉ですね。でもアポイントは失敗に終わり、部長に会うことはできませんでした。ただの丁寧な挨拶ができる営業マンを演じ切っておしまいです。

部長の主張が正しく、あなたはそれに屈せざるを得ませんでした。やはり**「挨拶」だけでは、相手をこちらに一歩踏み込ませることはできません。**相手に腰を上げてもらうには、「相談」という相手を巻き込んでしまう力強い言葉が重要になってきます。

では失敗しないためにはどうすべきでしょうか。まずは、早めに「保険を勧める対象が部長ではないこと」を伝えます。

あなた：「吉田部長、もちろん部長のことですから、保険についても、たくさんのお付き合いがあることは分かります（想像に難くありません）」

●解説

これは、相手が保険に加入していることを知っており、追加の契約を勧めるものではないことを伝える言葉です。相手の焦りをなくし、ストレスを軽減させる効果を狙って使います。

あなた：「吉田部長、ちょっと待ってください。私が保険の話をさせていただきたいのは

（聞いていただきたいのは）、実は樋口課長なんですが、その前に、今回の転職についてぜひとも部長にご相談がありまして…」

●解説

保険のターゲットは別の人であることを知らせ、一気に相手の「心の壁」を下げさせるために使います。この流れを忘れないようにしてください。

パターン２：あなたが生命保険会社へ転職した事実を知らない場合

（電話の相手は同じく前職の取引先の吉田部長）

あなた：「吉田部長、お久しぶりです」

「以前、○○商事でお世話になっていた西です！」

部　長：「おお、西さんか、久しぶりだな。どうしたんだい急に」

あなた：「実は、ご報告とちょっとご相談があるんです」

●解説

ここで、少し悩ましいのは、生命保険会社に転職したことを、この電話で言っておくのと言わないのとどちらがよいかです。

筆者は、電話で生命保険会社に転職したことを告げておくことをお勧めします。その理由は、会って初めて生命保険会社だと告げるのは、何かだまし討ちのように相手に思われはしないかという懸念からです。この仕事は、相手に嫌な思いをさせてしまっては終わりです。であるなら、隠さず伝えておいたほうが賢明です。

このときも、逆に自分がそうされたらどう思うかが考える基準になります。

そこで、このように切り出しましょう。

あなた：「実は、ご報告とちょっとご相談があるんです」

部　長：「何ですか？　相談って…」

あなた：「保険会社に転職し、そのことでご相談があるんです」

部　長：「まさか、私に保険を勧めるっていう話じゃないよね？」

●解説

…さすがに部長です。上手に回避してきます。過去にあなた以外にも保険会社に転職した社員や親せきからアプローチされ、それを処理してきた経験があるのでしょう。やはり、いろいろな理由で、保険を断ってきますので、あなたは、部長ではなく課長に保険を勧めたいので、あわてずに自信を持って次のように回答します。

あなた：「まさか、そんなわけはありません（笑）」
「吉田部長、もちろん部長のことですから、保険についても、たくさんのお付き合いがあることは分かります（想像に難くありません）」

「ですから、吉田部長、私が保険の話をさせていただきたいのは（聞いていただきたいのは）、実は樋口課長なんです！」

注：**ここで、樋口課長に電話を転送されたらおしまいです。すぐさま次の言葉でつなぎましょう。**

あなた：「課長に話をしたいところですが、その前に部長にご相談があるんです」

部　長：「しかし、何で転職先が保険会社なんですかね、生命保険？」

●解説

会社名を言うに留めます。決して話を長くしないこと。ここで、おそらく部長は、あなたにいろいろ聞いてきます。あなたは、保険のことをしゃべりたくてウズウズしていますが、ガマンしなければなりません。先ほども述べましたが、**いろいろ聞いてくるのは相手の作戦だと思ってください。**

これは電話で好きなだけしゃべらせて、最後に断るという作戦と考えてください（実は相手はそんな真剣には聞いていないと考えたほうが無難です）。電話で聞いただけで相手の理解が得られると思ったら、大間違いです。電話口で保険のことは絶対に話してはダメです。次のように言ってください。

あなた：「ええ、近代生命に転職しました」

部　長：「どんな保険なの？」

あなた：「お話ししたいところですが、電話で説明しきれるものではありません」
「部長、その辺りのことは、今度お会いしたときに詳しくお話しさせていただきたいのですが…」

●解説

ここでも、いろいろとさぐりや断りを入れてくるかもしれません。でも、あなたは、社名を言うに留めます。今度会ってから話をしたいと伝えることが重要です。そのため、必ず「相談」に持ち込んでください。これは、世話好きの人なら、誰でも相好を崩してしまうはずです。

―前のトークから間を開けずにこう言います―

あなた：「実は、今回転職したことについて、樋口課長への保険の話も含めて、ちょっとご相談に乗っていただきたくて…、ついては30分ほどお時間をいただけないでしょうか？」

―忘れないでください。ここでは何としても「相談」に持ち込むことです―

●解説

これまでの失敗は、これから会おうとする相手に、「あなたに保険の話をしたい」と伝えてきたことです。「あなたに保険に入ってもらいたい」と言ってきたので、ほぼ全員が拒絶反応を起こしたのです。もし、相手が保険の加入について予防線を張ることなく黙って聞いていたら、あなたから先にこう言ってください。

あなた：「吉田部長、まさか、私が保険を勧めるのではないかと思っていたんじゃないですか？（笑）」

注：繰り返しますが、ここの「かすかな笑い」は大切です。これがないと喧嘩を売ったことになりますので、必ず小さな笑いを入れてください。

●解説

ここでは、部長に保険を勧めるのではないことを伝えること。

あなた：「吉田部長、もちろん部長のことですから、保険についても、たくさんのお付き合いがあることは分かります（想像に難くありません）」

「でも、吉田部長、私が保険の話をしたいのは（聞いていただきたいのは）、実は樋口課長なんですが、その前に、今回の転職についてぜひとも部長にご相談がありまして…」

注：ここで、課長に電話を転送されないように、話をつないでください。

●解説

部長は、自分が保険のターゲットではないことに、不思議な感じを抱いた次の瞬間、「安心」へと心が切り替わります。自分が保険のターゲットでなくなったことから、もう、断りの言葉を考えるのではなく、熱心に、親切な気持ちで、あなたの話を聞く態勢に入ります。

そして、部長には、次の疑問が湧いています。「なぜ部下の樋口課長なんだろう？」と思っています。その疑問を解消します。

部　長：「しかし、何でさぁ、君も知っている樋口課長だったら、自分で直接言えばいいじゃないか？」

……………………………………………………………

●解説

先ほどのスキルをここでも使います。聞いてこなければ、あなたが部長の心理を口に出して次のように説明してください。

あなた：「部長、もしかして、今、樋口課長にだったら、自分で直接言えばいいじゃないか？　なんて思っていませんでしたか？」

―間を開けず続けて―

あなた：「いやですよ、部長。もし、私が直接樋口課長に保険の話をしたら、けんもほろろに断るに決まっているじゃないですか（笑）」

「何しろ、保険ですから～（笑）」

部　長：「そりゃ、そうだよなぁ。あはは（笑）」

―ここまで来ればもうほとんど成功です―

あなた：「…〜ですよね！（笑）」

「なので、部長から樋口課長に話をつないでいただきたいんです」

―間を開けずに、続けて―

あなた：「ですが、いきなり以前、取引先担当だった私が生命保険の営業に転職したので、保険の話を聞いてやれと言われても、いくら部長からでも樋口課長は困ると思うんですよ」

「今で言うパワハラですか？　そんな風になっても嫌ですしね（笑）」

―すこし間を開ける（相手も笑っている）―

あなた：「そうではなく、どうして私が保険の営業を始めたか、なぜ、樋口課長に伝えたいと思ったのか、その辺りの話をまずは部長に聞いてもらってからと思いまして…」
「それで、改めて30分ほど、お時間を取っていただきたいんです」

●解説

まず、この電話では絶対に保険の説明をしないこと。

そして30分と宣言し時間がかからないと思ってもらうこと。相手は営業に長居されることを嫌います。そして面談のアポイントを取ることです。

また、相手は、この場合も電話で話を済まそうとして、いろいろと聞いてくることがあります。それでもガマンしてください。普段、保険の話をするチャンスがなく、聞かれると嬉しくなり、いろいろと説明したくなりますが、焦ってはいけません。これは電話ですす。電話で言ってしまっては、そこで話は終わってしまい、あなたが部長に会うチャンスはなくなります。

そう、目的は会う約束を取り付けることです。

―すぐさま二者択一のアポイントに移行する―

あなた：「あまりお時間は取らせません。30分位ですが、会社にお伺いするとして、来週の月曜日と水曜日でしたら、どちらがよろしいですか？」

部　長：「じゃ、月曜日で」

あなた：「分かりました。では、月曜日の午前か午後ではどちらがご都合よろしいですか？」

部　長：「そうだな、午後かな」

あなた：「ありがとうございます。では、月曜日の午後1時に会社にお伺いいたします」

祝　アポイント成功！

●解説

すかさず、「ありがとうございます！」と言って、アポの確認に移ります。これで成功です。相手の気が変わらないうちに素早く、アポイントのお礼を言って止めを刺すことを忘れてはいけません。

さらに言えば、**アポイントの前日などに気になるからといって、約束の再確認の電話をしてはいけません。** 相手ができるものなら断りたいと思っていたところに、都合よく助け船を出す形になるかもしれないからです。ここはガマンしましょう。

万一、約束の日時に相手が現れなかったら、「貸しができたラッキー」くらいに思っておきましょう。

パターン３：すでに取引先の部長には一度断られている場合

（従来の手法でアタックして部長には断られているが、課長にはあなたの転職のことが伝わっていない）

あなた：「樋口課長、お久しぶりです」
「以前、○○商事でお世話になっていた西です！」
課　長：「おお、西君か！　久しぶりだな。どうしたんだい急に…」
あなた：「実は、ご報告とちょっとご相談があるんです」
「吉田部長から何か、私のことを聞いていますか？」
課　長：「いや。何のこと？」

●解説

ここでも、この電話で生命保険会社に転職したことを告げておきます。そして次のように切り出します。

あなた：「実は、ご報告とちょっと相談があるんです」

課　長：「何ですか、相談って…」

あなた：「生命保険会社に転職し、そのことでご相談があるんです」

―忘れないでください。何としてでも「相談」に持ち込むことです―

●解説

もし、相手が保険の加入について予防線を張らずに黙って聞いているようなら、あなたから先に次のように言ってください。

あなた：「樋口課長、まさか、私が保険を勧めるのではないかと思っていたんじゃないですか？（笑）」

注：繰り返しになりますが、この場面でも「かすかな笑い」を入れてください。

●解説

ここでは、課長に保険を勧めるのではないことを伝えます。

あなた：「樋口課長、もちろん課長のことですから、保険についても、たくさんのお付き合いがあることは分かります（想像に難くありません）」

「でも、樋口課長、私が保険の話をしたいのは（聞いていただきたいのは）、実は吉田部長なんですが、その前に、今回の転職についてぜひとも課長にご相談がありまして…」

●解説

課長は、自分が保険のターゲットになっていないことに、不思議な感じを抱いた次の瞬間、「安心」へと心が切り替わります。自分が保険のターゲットでなくなったことから、断り文句を考えるのではなく、熱心に親切な気持ちで、あなたの話を聞く態勢に入ります。

しかし、課長には「なぜ部長ではなく、自分なのだろう？」という疑問が湧いています。

その疑問は次のように埋めていきます。

課　長：「しかし、何でさぁ、あなたも知っている吉田部長だったら、自分で直接言えばいいじゃないか？」

●解説

正直に言いましょう。すでに断りを一度受けていると。そして、もしも課長が黙っているようなら、先ほどのスキルですね。

あなた：「課長、もしかして、今、樋口課長にだったら自分で直接言えばいいじゃないか？なんて思っていませんでしたか？」

―間を開けず続けて―

あなた：「実は、部長には一度断りを受けたんです。まあ、そうですよね。突然、私が直接吉田部長に保険の話をしたら…。断るに決まっているじゃないですか（笑）」
「何しろ、保険ですから～（笑）」

課　長：「いや、そりゃ、そうだよなぁ。あはは（笑）」

あなた：「…～ですよね！（笑）」
「なので、課長に吉田部長へ、話をつないでいただきたいと思っているんです」
「ですが、一度断っているのに、これ、いくら課長からだとしても、吉田部長も、『何だそれはー！』となると思うんですよ」

課　長：「そうだろうね」

あなた：「それで、まずは、どうして私が保険の営業を始めたのか、なぜ、吉田部長にお伝えしたいと思ったのか、これからどうするのかなど、ご相談に乗ってもらいたいと思いまして…」

—間を開けずに—

あなた：「実は、先日、部長には、ここら辺りのお話をさせていただこうと思っていましたが、結局何のお話もできずに終わっています」

「それで、改めて30分ほど、お時間を取っていただきたいんです」

—ここで二者択一のアポイントに移行する—

あなた：「あまりお時間は取らせません。（30分位ですが）来週の月曜日と水曜日でしたら、どちらがよろしいですか？」

課　長：「じゃあ、水曜日で」

あなた：「分かりました。では、水曜日の午前と午後では、どちらがご都合よろしいですか？」

課　長：「そうだな…午後かな」

あなた：「ありがとうございます。では、水曜日の午後1時に会社にお伺いいたします」

祝　アポイント成功！

●解説

ここのポイントは30分と宣言し、時間があまりかからないと思ってもらうこと。相手は営業に長居されることを嫌います。そして、面談のアポイントを取ることです。

この30分というのは、絶妙な時間だと思いませんか。あなたが相手の立場で考えてみれば、すぐに理解できます。1時間では、ちょっと長過ぎだと感じます。また、15分では簡単な内容だし電話で済ませられないのかと考えます。しかし、30分では電話ではやはり話が見えないだろうと考えさせられる、絶妙な時間設定です。

繰り返しになりますが、相手は、この場合でも電話で話を済まそうとして、いろいろと聞いてくることがあります。電話で言ってしまっては話が終わり、あなたが相手に会うチャンスはなくなります。

注：電話では絶対に保険の説明をしないこと

パターン４：部長に断られ課長も転職の事実を知っている場合

（従来の手法でアタックして、いったん部長には断られているが、課長にも転職の事実が伝わっている）

あなたが生命保険会社に転職したことが、取引先の会社中に知れ渡り、あなたへの警戒網が張られているケースです。こういったケースはありがちなので、心の準備しておく必要があります。そこで課長に電話した場合です。

あなた：「樋口課長、お久しぶりです」
「以前、○○商事でお世話になっていた西です！」

課　長：「おお、西さん。久しぶりですね。どうしたんですか、急に」

「保険会社に転職したそうですね。まさか営業する気じゃないよね」
「おお、西さん！　久しぶり。先に言っとくけど、保険は入れないけど何か用？」
「保険だったら、間に合ってるけど…。いろいろ付き合いがあってね。で、何？」

●解説

驚いてはいけません。めげてはいけません。相手は、あなたからアプローチがあったら、どう言おうか準備しています。そこで前述のようなパターンで断りにかかってきます。めげずに次のように言いましょう。

どのパターンを言われても、次のワンパターンで大丈夫です。

あなた：「いやいや樋口課長、実は、ご報告とちょっと相談があるんです」

●解説

あなたは、取引先の課長に協力者・理解者になってほしいんです。だから、課長に直接保険を勧めるわけではありません。どうです？　少し気が楽ではありませんか。

注：最初から「協力者・理解者」になってほしいと言ってはいけません。あなたの心の中にそれは留めておくことです。気がついたら協力者になっていたというのが理想的です。はじめに用件を言ってしまうと、誤解されたまま「ノー！」となるのがオチです。生命保険に対する誤解や偏見がない人ならともかく、業界経験者でもない限り、なかなか一般の人の理解をはじめから得るのは難しいでしょう。

課　長：「何ですか、相談って…」

あなた：「生命保険会社に転職し、そのことでご相談があるんです」

―忘れないでください。何としても「相談」に持ち込むことです―

●解説

もし、相手が保険の加入について予防線を張ってこないで黙って聞いているようなら、あなたから先にこう言ってください。

あなた：「樋口課長、まさか、私が保険を勧めるのではないかと思っていたんじゃないですか？（笑）」

注：繰り返しになりますが、この場面でも「かすかな笑い」を入れてください。

●解説

ここでは、課長に保険を勧めるのではないことを伝える。

あなた：「樋口課長、もちろん課長のことですから、保険についても、たくさんのお付き合いがあることは分かります（笑）」

「でも、樋口課長、私が保険の話をしたいのは（聞いていただきたいのは）、実は吉田部長なんです」

●解説

このトークの効果は、あなたが、課長がすでにたくさんの保険に入っているということで、**今回の営業が自分に対してではないと課長に察知させること**です。そして、営業の矛先は部長であることを話すことで、課長は再確認したことになります。

そして、課長は、自分が保険のターゲットでないことに、不思議な感じを抱いた次の瞬間、「安心」へと心が切り替わります。自分が保険のターゲットでなくなったことで、断り文句を考えるのではなく、熱心に親切な気持ちで、あなたの話を聞く態勢に入ります。

しかし、課長には「部長は一度、断っているはずなのに、なぜだろう？」という疑問が湧いています。その疑問は次のように埋めていきます。

課　長：「でも、部長に断られたんでしょ？」

●解説

正直に言いましょう。すでに断りを受けていると。そして、もしも課長が黙っているようなら、次にように言いましょう。

あなた：「課長、もしかして、部長が断っているのになぜだろう？　って考えていませんでしたか（笑）」

―間を開けず続けて―

あなた：「そうなんです。実は、部長には、一度断りを受けたんです。当然ですよね。突然、私が直接吉田部長に保険の話をしたら…。断るに決まってるじゃないですか（笑）」「何しろ、保険ですから～（笑）」

課　長：「いや、そりゃ、そうだよなぁ。あはは（笑）」

あなた：「…ですよね！（笑）」
「ですから、課長に吉田部長へ、話をつないでいただきたいと思っているんです」
「ですが、一度断っているのに、これ、いくら課長からだとしても、吉田部長も、『何だそれはー！』となると思うんですよ」

課　長：「そうだろうね」

―ここからが大事です―

あなた：「それで、まずは、どうして私が保険の営業を始めたのか、なぜ、吉田部長にお伝えしたいと思ったのか、その辺りのご相談に乗ってもらいたいと思いまして…」
「実は、部長には、ここら辺りのお話をさせていただこうと思っていましたが、結局何のお話もできずに終わっています」

「私は保険営業の世界で飯を食べて行こうと思っています」

「それで、相談に乗っていただきたくて30分ほど、お時間を取っていただきたいんです」「それが、この電話の趣旨なんです」

―すかさず二者択一のアポイントに移行する―

あなた：「あまりお時間は取らせませんので。30分位ですが、来週の月曜日と水曜日でしたら、どちらがよろしいですか？」

課　長：「じゃあ、水曜日で」

あなた：「分かりました。では、水曜日の午前か午後では、どちらがご都合よろしいですか？」

課　長：「そうだな、午後かな」

あなた：「ありがとうございます。では、水曜日の午後1時に会社にお伺いいたします」

祝　アポイント成功！

パターン4－②：保険の話がまったくできず一度断られた場合

（保険のターゲットは前職の取引先の担当者で電話の相手は前職の課長）

あなた：「樋口課長、先日は失礼しました。今日お電話しましたのは、課長に保険に入ってくださいという電話ではないんです」

「課長は、たくさんのお付き合いもあり、今、新規に追加でもう1件、生命保険なんていう時期ではないと推察しております」

●解説

このセリフで、相手は自分に保険を勧められるのではないと分かり、安心します。そして次のように言いましょう。

あなた：「実は、取引先の木村さんのことなんです」

●解説

お姉さん、友人など、場面に応じて臨機応変に使い分けてください。ただし、あなたもその方を知っていることが前提条件になります。繰り返しますが、ポイントはあなたもその人を知っていることです。このケースでは取引先の担当者としておきます。

あなた：「樋口課長、取引先の木村さんに私の保険の話をしていただきたいんです」

「でも、さすがに、私から直接、取引先の木村さんに連絡したら、いくら何でも、それは無理ですよね…。生命保険ですから」

「私が用件を伝えた瞬間に、もう絶対にドン引きですよねー（笑）」

課　長：「そうでしょうね（笑）」

あなた：「それで、その前に、まずは樋口課長に私が転職した理由や保険のお話をして、きちんとご理解いただいた後からでないといけないと思いまして。それで、思い切って今日お電話したわけなんです」

―二者択一のアポイントに移行する―

あなた：「来週、直接お会いできないでしょうか？」

「樋口課長のお力を貸していただければと思っています」

「30分位ですので来週、月曜日と水曜日のどちらがご都合よろしいですか？」

課　長：「じゃあ、水曜日で」

あなた：「分かりました。では、水曜日の午前と午後では、どちらがご都合よろしいですか？」

課　長：「そうだな、午後かな」

あなた：「ありがとうございます。では、水曜日の午後1時に会社にお伺いいたします」

祝　アポイント成功！

ポイント●保険の販売対象はアポイントの相手ではない共通の知人に設定する
●友人でも親せきでもこの方法で電話アポイントを取る
●アポイントの相手は、できれば世話好きな性格の人物

2. アポイント当日の（面談）アプローチ

さて、いよいよ部長に会うその日がやってきました。

もう、相手もリラックスしています。あなたもリラックスして（ただし礼節は保ちながら）面談（アプローチ）に臨みましょう。ここでは会社案内を準備しておきます。

あなた：「吉田部長、今日はお時間を取っていただき、本当にありがとうございます」

「前職では大変お世話になりました。ありがとうございました！」

―この言葉が終わり切ったところで90度のお辞儀をします―

部　長：「まったくだよ、君が突然会社を辞めると聞いたときには、驚いたよ！」

あなた：「本当にお世話になりながら、転職先についてもお話ができずにいましたから…」

「生命保険の営業への転職についても、実は相当に悩みました、生命保険会社に転職することに対して…」

「本当にこの転職で間違いないのだろうか」など

●解説

この場面では、あなたの事実を伝えるのが一番です。本当に悩み、何日かは眠れないときもあったなど事実を伝えましょう。一番説得力ありますから。あなたが、何の迷いもなく、生命保険営業に転職したとなったら、それは、前職の不満とも取られかねません。**真剣に悩んで、生命保険営業の道に進んだことを伝えましょう。**

―自身の転職の動機を語ります。ここが今日の面談のハイライトです―

部　長：「しかしねぇ、生命保険の営業って大変だぞ！」

「よく踏み切ったね」

あなた：「そこなんです。よく聞いていただきました！」
「では、私がどうして、この保険会社に転職することにしたのかを、改めて少しお話しさせてください」

●解説

前述しましたが、保険の営業が小さいころからの夢だったというのは、本当だとしても好ましくありません。ここは、相手に合わせて保険は好きではなく、まさか自分が売る立場になるとは思っていなかったと言って、まずは相手と同じ位置に立つようにしてください。そして今や、保険セールスマンとなったそんなあなたが言うからこそ、その理由が際立ち、相手の興味を誘うことで効果を引き出します。例えば次のようにです。

「私は、営業は嫌いではありませんが、実は、生命保険の営業マンだけには、なるつもりはありませんでした。もちろん、小さいころからの夢でもありません。夢は世界を股にかけて飛び回る商社マンになることでした」

「でもその夢は叶わなかったのですが、だからと言って、公務員や銀行員になる気もなく、大学の就職課の勧めもあって専門商社に就職しました。こちらでの7年はいろいろ学ぶことが多く、大変貴重で充実した時間でした。部長、その節は本当にありがとうございました」

注：当然ですが、前職を否定しては台なしになります。部長もあなたの上司や同僚もまだ前職の関係者ですから、配慮した内容が求められます。

「でも、ちょうど自分を見つめ直す頃だったのか、自分の現状や将来について、いろいろと悩みも出てきました。余計な心配をさせるのも嫌だったので、田舎にいる親に打ち明けるわけにもいかず、ましてや部長や課長に伝えることもできず、悶々としていました」

「そして、その頃から求人情報をよく見ていました。あるとき、新聞に小さく今の会社の募集広告が出ていました。普段だったら見落とすところですが、なぜか目に留まり、会社説明会に行きました。そこでいろいろ話を聞かされ、思っていた生命保険のイメージがことごとく覆されたんです。また、担当者の話の内容やマナーが、自分がこれまでに描いていた生命保険の営業スタイルと全然違ったんです」

ここでは新聞広告で応募したケースですが、転職の誘いがあってという方も多いでしょう。その場合はこのように言いましょう。

「実はその頃から求人情報をよく見ていました。あるとき、今の保険会社から誘いの電話があったんです。最初はもちろん断っていましたが、一度会社の説明会に来てほしいと熱心に誘われて行ってみたら、そこで聞かされた話で、私が思っていた生命保険のイメージがことごとく覆されたんです。また、担当者の話の内容やマナーが、自分がこれまで描いていた生命保険の営業スタイルと全然違ったんです」

「そして、生命保険の正しい仕組みや社会的な役割を知りました。そこで初めて生命保険を販売することの意義に気づき、これこそ天職だと思い転職を決意したんです。でも、同時にもう一人の自分が、『生命保険の営業で本当にいいのか?』と問いかけるんです。

随分と葛藤はありましたが決心しました」

「本当に部長にはお世話になりながら、なかなか言い出せず申しわけありませんでした。そして、入社後に研修で生命保険の正しい知識や役割を知るにつれ、自分の営業としての使命は、やはりこれだ、間違ってはいないと思うようになりました。研修中はずっと、部長がどんな保険に入っているのが心配になり、真っ先に連絡したいと思っていました」

「この先、不安がないわけではありませんが、生命保険営業をずっと続けていこうと今は強く思っています。そして、微力かもしれませんが、自分の力で、生命保険営業に対する世間のマイナスイメージを変えたいと決めたのです」

注：ここの転職理由や動機はとても大切です。まず、自分が納得していなければ、他人を納得させられるわけがありません。入社のときに悩んだことを思い出し、入社を決めるまでの葛藤など、自問自答を繰り返してください。そして、誰が聞いても納得のい

く内容であることが重要です。あなたの転職が、決して腰かけではなく、この仕事を天職としたい気持ちを切々と語ってください。

―ここから課長の話に話題を変える―

あなた：「それで、樋口課長に保険の話というのはどういうことかと言いますと…」

「先日、お電話でお伝えしたように、転職をして1ヵ月間しっかり研修を受けていくなかで、自分自身もたくさんの驚きがありました」

「保険は知っていたつもりでしたが、実はまったく分かっていなかったんです。これは大切な人にもぜひ知ってもらいたい」と。

「そんなとき、真っ先に、部長の顔が浮かびました。部長はどんな保険に入っていらっしゃるんだろう。きちんとご家族のプランに沿ったものなんだろうか…と」

「ああ、でも部長はたくさんのお付き合いがあって、きっと無理だろうな、と次の瞬間に思いました。そうだ、課長に話を聞いてもらおう、と」

「でも、課長に直接言ってもダメだろうなとすぐに思い直しました。何しろ、生命保険の営業ですからね。それで、その前に部長にご相談しておかなければダメだと思って、今日はお伺いした次第です」

部　長：「ああ、そうだったね」

注：ここで、もしかしたら昔話に花が咲いて、あなたのいた頃の面白おかしいエピソードで盛り上がるかもしれません。そんなときに保険の話に戻れなくなった場合に使える、力強い言葉を紹介します。困ったときは、この言葉を使ってください。筆者も新人セールスのとき、上長から教えられたこの言葉で随分助けられました。

それは**「ところで」**です。簡単ですから、覚えておきましょう。

あなた：「ところで吉田部長、当社は近代生命という会社ですが、ご存じですか？」

部　長：「ああ、知っていますよ。時々、テレビコマーシャルもやっているよね」

あなた：「ありがとうございます！」

―会社案内をカバンから出す―

注：訪問の際、あらかじめカバンから出しておいてもよい。外ポケットがあるならそこに入れておきます。要はすぐに取り出せるようにしておくこと。

あなた：「ちょっとこちらの資料をご覧いただきたいのですが、実は私どもの会社は、○○○という大きな経営ポリシーを持っているんですね」

部　長：「ほほう、立派だね」

注：ここでは、あまり保険会社の立派さを強調しすぎて、嫌みにならないようにしましょう。ご承知のとおり、日本ではほとんどが中小企業です。また、当然ながら、資料は相手の方に見やすい方向に差し出すこと。そのためにも、数値等はしっかりと頭に入れておきましょう。

あなた：「ありがとうございます。ご存じない方もいらっしゃるのですが、今年で創業○○年でして、こちらに、保有契約○○兆円とか、運用資産総額○○兆円とあります。いろいろ数字が書かれていますが、とにかく安心できる企業だということを、ご理解いただければと思います」

「いくつも支社がありますが、私はこちらの中野支社の所属になります」

部　長：「分かったよ」

あなた：「ありがとうございます。多くの方から信頼をいただき、安心してお客様になっていただいております。ここまでご理解いただけましたか？」

部　長：「はい、大丈夫です」

あなた：「ありがとうございます」

●解説

会社の内容も知らずに転職したと思われては台なしです。ですから会社の歴史や概要は頭に入れておきましょう。順序は、転職動機を先にして、会社の説明はあとでも問題はありません。

―「入社動機を語る」から「基本的な保険の仕組み」へ展開する―

あなた：「ところで話は少し戻りますが、当然、吉田部長は生命保険に加入されていますよね。どちらの保険会社ですか？」

部　長：「サクセス生命だけど」

あなた：「失礼ですけど、保険料は月々いくらお支払いですか？」

部　長：「家内に任せてあるからな…いくらだっけ？……」

あなた：「いつまでお支払いになるんですか？」

部　長：「さあ？……」

あなた：「実は、会社の研修で知ったのですが、万一の保険金額、月々の保険料、払込期間、保障内容をすべて分かっている方は、そう多くはいらっしゃらないようなんです」

部　長：「そんなものかね」

あなた：「皆さん家族のための保険なのに、その保障額、保障期間などの基本的な内容も分かっていない方がたくさんいらっしゃるんです」
「不動産を購入して、間取りを知らないってことはないですよね（笑）」

部　長：「そりゃ、そうだよ」

あなた：「でも、こと生命保険となると、大きな買い物であるにも関わらず、それが、家族のためにきちんと合ってるかどうか分からない、内容が分からない、そう思われている方が多いんです」

●**解説**

ここで、生命保険文化センターが発行している冊子などを見せて、あなたの言っていることが間違いではないことを示してもよいでしょう。

新人に必要なのは、自信のあるトークと話しぶりであることは間違いありませんが、ときには、それを裏付けることも必要です。いわゆる**「証拠の提示」**です。パンフレットを見せたり、データを見せることも必要です。

新人のうちは何も見ないでしゃべる、見せないでしゃべるというのは危険だということを理解しておいてください。

―ここから課長の話に展開する―

あなた：「それで、樋口課長も、ほかの方と同じように、内容が分かっていない、もしかしたら、希望していた内容とは違っていたら、大変ですからね。実際、そういう方も多いようなんです」

部　長：「そうだろうなあ…」

あなた：「部長！　実は生命保険ってとても簡単なものなんです」

「これから５～６分、保険の仕組みの説明をします。この話を聞いていただくと、現在、日本で販売されている多くの生命保険の大まかな仕組みが、理解できるんです」

部　長：「そうなの？」

あなた：「はい、大体のことが分かるようになるはずです。それくらい簡単なものなので、それだけはお伝えしたいのですが、聞いていただけますか？」

部　長：「ええ、いいですよ」

あなた：「その前に、日本に生命保険会社は何社くらいあると思いますか？」

部　長：「さあ、10社くらいかな」

あなた：「現在は41社あります。41の生命保険会社で販売されている保険商品は分類の仕方にもよるようですが、１，０００種類くらいあると言われています。ところがその約１，０００種類は、３つの基本的な保険の組み合わせでできているんです。ですからこの３つの保険を吉田部長にご理解いただけると、私が言ったように、日本で販売されている大半の生命保険商品の概要が分かるようになるんです」

部　長：「そうなんだ」

あなた：「ということは、生命保険は、とっても簡単ということなんですね」
「それでは、分かりやすく説明させていただきます」

―ここから、紙に書いて3つの種類の保険を説明する＊―

あなた：「タテに保険金額を表記しヨコに保険期間を表記します」
（この時点で多くの人が内心驚きます）

「私がそうでしたが、保険の仕組みを真横から時系列に沿って見ることが少ないのではないかと思われます」

「万一の保険金がいくらとしか記憶になく、保険期間に沿って保険金がどうなっていくのかをイメージしている人は、多くないと思うんですが、いかがですか?」

※後で生命保険文化センターから発行されている「ほけんのキホン」という冊子をお渡しして、確認していただくことを忘れないようにしてください。

【定期保険】

保険金 1,000 万円　保険期間 30 年

（保険開始）　（保険期間満了）

定期保険の特徴：満了時の払戻金はゼロ。いわゆる掛け捨ての保険
　　　　　　　　毎回の保険料負担は比較的少ない
　　　　　　　　保険期間満了により１，０００万円の保障は終了

【養老保険】

保険金 1,000 万円　保険期間 30 年

（保険開始）　（保険期間満了）

養老保険の特徴：解約時の払戻金は保険期間の経過に応じて増加
（ただし、解約返戻金が払い込まれた保険料を上回ることはない）
毎回の保険料負担は定期保険よりはかなり高い
保険期間満了時に満期保険金が出る（この場合1，000万円）

【終身保険】

終身保険の特徴：解約時の払戻金は保険期間の経過に応じて増加
（ただし、解約払戻金が払い込まれた保険料を上回ることはない）
毎回の保険料負担は定期保険より高く養老保険より安い
保険期間の満期はなく被保険者の死亡により、満了（終了）となる
保険をやめたければ解約という手段をとる

（詳細は各保険会社に照会します。会社によって保険料等に若干の差異があります）

あなた：「ここまでは、ご理解いただけましたか？」

部　長：「分かりました、はい」

あなた：「ということは、吉田部長は日本で販売されている商品のおよそ半分近くが分かったということになります」

部　長：「そうなんだ。それでは、自分の加入している保険も分かるということ？」

あなた：「はい、分かるはずです。吉田部長も、ご自分の生命保険の加入内容が気になりましたか？」

部　長：「そうだね」

あなた：「それで、皆さん、気になるのでご自宅の保険証券を見るのですが、よく分からなかったと言われる方もいます。実は、保険証券の記載が細かくて、分かりづらかったりするようなんです」

―ここで、自分が用意していた保険証券のサンプルを見せてもよい―

あなた：「日本で流通している保険の多くは、以上ご説明した保険のどれかの組み合わせでできているんです。それで、加入中の保険がどうなっているのかを拝見すると、残念ながら多くの方が自分の希望している内容ではなかったとおっしゃいます」

●解説

*生命保険文化センターの調査では、加入中の生命保険について充足感ありは46・1％ですが、残りの約54％が、自分の加入保険に対して満足していない、あるいは不明というデータもあるほどです」

＊生命保険文化センター（「生命保険に関する全国実態調査（速報版）」平成30年9月）

あなた：「ですので、今日の話で気になって確かめてみたいと思われたら、『あいつは、保険のことを分かりやすく説明してくれる。だから、30分位時間が取れないか』と樋口課長にお伝えしてほしかったんです」

「今日お伝えしたかったことは、これです。もしかしたら課長が自分の希望した保険に入っていない可能性があるということです」

「そこで、多少なりとも尽力させていただきたいと思ってお伺いした次第です。でも、それには、部長の協力がないと実践できないんです」

「何しろ、生命保険の営業ですから…（笑）」

ここからは、部長が話に乗ってくれた場合と乗らなかった場合について説明します。

―部長が話に乗ってくれた場合―

部　長：「何だ、そういうことなの？　いい話じゃないか」
「それだったら、樋口課長の前に、私の保険から相談に乗ってくれよ！」

あなた：「ありがとうございます」（笑）
「部長！　もう少しお時間ありますか？」

―このまま、時間を延長するか日を改めるかを尋ね、改める場合はもう一度、二者択一のアポイントに移行する―

注：次回面談の場所は必ず自宅にすること。喫茶店やファミレスで面談してはいけません。
そして、必ず奥さんがいる時間帯に設定すること。

あなた：「それでは次回のアポイントですが、ご家族の問題ですのでご自宅にお伺いし、奥様も同席された方がよいと思います。差し支えなければ、休日の日中はいかがでしょうか？」

「来週の土曜日の○時頃、もしくは日曜日の○時頃だと嬉しいのですが、どちらがよろしいですか？」

部　長：「家であれば、来週の日曜日がいいですね」

あなた：「なるほど、分かりました」
「では今と同じ時間でよろしいですね」
「では来週の日曜日、午後1時にお伺いします」
「本日は貴重なお時間どうもありがとうございました」

部　長：「とんでもない、こちらこそ」

あなた：「またよろしくお願いいいたします」

●解説

ポイントは自宅です。何としても自宅を訪問し、後日家族に反対されないよう、ご夫婦一緒に聞いていていただくことです。**ご主人が納得しても、その内容を奥様に上手に伝えることは難しい**のです。家内に伝えておくよと言われ、その結果、奥様に反対されて失敗したという話はよくあります。なにしろ、ご主人は保険の営業マンではないのですから。

―部長があなたの話に乗らず、課長に紹介となる場合―

部　長：「おお、なかなかよく分かった」
「じゃ、課長に話をしておくよ」

注：このとき、ではお願いしますと部長に任せてしまうと失敗します。そこで部長には、こんな風に伝えてくださいとお願いします。

「最初は、保険の話でどうかと思ったけど、話を聞いてみたら、ためになる内容なので、課長にも必ず喜んでもらえると思う」

「ついては、○○君から電話させるよ」

●解説

以上の話を部長が聞いてくれたので、部長がその気になって、まずは自分からと言い出してくれることも狙いです。そうなった場合は、予定通り部長をターゲットにして営業展開してください。

しかし、この手法を使うことで、最低でも、当初の目的であった部下である樋口課長に話はつながります。頑張って、このロールプレイを行ってください。

―もし、相手がこの手法を知っていたら次のように謝ります―

あなた：「本当は部長に直接お話を聞いてほしかったんです」

「でも、生命保険ですから誤解も多く、先に断られるのが怖くて…。申しわけありませんでした」

部　長：「そうだよな。でも、ありがとう、これで保険のことがよく分かったよ（笑）」

●解説

ここから先の保険提案については、さまざまなプレゼンの手法がありますので、そちらを参考にしてください。大切なのはあなたが心から躍動していることです。

3．友人・親せきへのアプローチ

パターン1：友人編

本書の冒頭でも述べたように、友人が意外に厄介です。友人はあなたのことをよく知っています。見ず知らずの人へのアプローチなら気軽にできますが、友人同士はお互いをよく知っているだけに、嫌なことをズバリ言ったり、変におせっかいだったりするからです。

特に仲の良かったリーダー格の友人へのアプローチに失敗したら、噂があっという間にグループ内に広がります。どんな風かというと「西が生保に転職した。あいつから電話が来てもうまいこと逃げたほうがいいぞ！」という感じでしょうか。こうなると友人関係へのアプローチは大変困難なことになります。

そうならないように、こんな風に携帯でアポイントを取ります。

相手は、学生時代にあなたと一番仲良しだったグループのリーダー格です。相手の名前：松嶋（学生時代の友人、グループのリーダー格、ボス的存在）

（グループのリーダー格であることがポイント。相手を間違えると逆効果になることもあります）

あなた：「よお！ 松嶋君、おれ、西です。お久しぶり（笑）」

松　嶋：「おお、西か？ 久しぶりだな。どうしたんだ？」

あなた：「いや、実は転職してさ…」

松嶋：「へー!? どんな業種なんだい?」

あなた：「いや、実は生命保険会社なんだ」
「いやいや、お前に入ってくれっていう電話じゃないんだよ」

―ここは間を開けずに、すぐこのセリフを言っておくこと―

あなた：「実は、田村いるだろ、あいつのことが気になってね」
「あいつ、この間、子供ができたらしいじゃない」

●解説

友人の中で何かライフイベントに変化のあった人を探しておきます。例えば、本人の結婚、出産、子供の入学・卒業、子供の結婚など、もう、松嶋は自分に保険を勧めるわけではないと知っているから、すっかり安心しています。

松　嶋：「そうなんだってね。おめでとうだよな」

あなた：「そうだねー。おめでとうだ。あいつが父親とはなあ…」

―ここでも、昔話にあまり振られすぎないことが大切です。保険会社の社員となった自分から言うよりも、立場が違う人から言ってもらったほうが、効果的であるということを伝える―

あなた：「子供ができたことだし、きちんとした保険の説明をしておきたいと思ってね。それで、俺が直接連絡してもいいんだけど、会社の人に聞いたら、それで連絡に失敗する人もいるので…」

「何しろ、俺、保険屋だから俺が直接連絡するとやっぱりね」

松　嶋：「そうだよな。保険屋さんから電話がきたら驚くよね。いくら友だちでもね」

あなた：「だろう？」

「で、保険屋じゃないお前から、田村に連絡してもらいたいと思ったんだ」

「それで、電話ではなんだから、直接会ってぜひとも相談に乗ってほしかったわけ。それから、俺がどうして保険会社に転職したかも話しておきたいしさ」

―二者択一のアポイントに移行する―

あなた：「来週、30分くらい、時間取れないかな？」

―間を開けずに続けて―

あなた：「月曜日と水曜日だったら、どっちが都合いい？」

松　嶋：「そうだな、水曜日かな」

あなた：「午前と午後だったらどっち？」

松　嶋：「午後だな、やっぱ」

あなた：「じゃ、水曜日の午後1時、お前の会社でいいね」

祝　アポイント成功！

この後は、部長編と同じように、実際の保険の仕組みを伝えて、自分の希望していた保険に加入しているかどうかをチェックしてもらうトークを展開する。

パターン2：親せきの叔母編

親せきの叔母さんも仲の良かった友人と同様に、保険のアプローチとなると、実は厄介な存在です。アプローチに失敗したら、噂が親せき中にまたたく間に広がり、保険営業はかなり困難になります。

親せき中の情報は、この叔母さんが知っています。誰々さんとこが今度結婚する、子供ができるなど。強敵ですが、しかし、一度しっかりと理解してくれたら、おせっかいな叔母さんほどこんなに力強い味方はいません。

ここでも、**あなたのゴールは相談に持ち込むこと。**決して、保険を売り込んではいけません。逆に説教されるのがオチです。当然ながら、叔母さんの中でも、一番世話好きの叔母さんにすること。

相手の親せきの叔母は、顔の広い世話好きなA叔母さん。保険営業が大変難しいことも経験上知っている。仮想ターゲットは別の親せきのB叔母さん。そして次のように電話します。

あなた：「もしもし、A叔母さん。ご無沙汰してます。カズトシです！」

――自分の名前を言います（オレオレ詐欺に間違えられないよう丁寧に）――

叔　母：「まあ?!　カズトシちゃん、どうしたの?　久しぶりね」

あなた：「実は、仕事を変えてね…転職したんです」

叔　母：「へー、どんな職種?」

あなた：「実は、あの…近代生命保険」

叔　母：「へー、すごいじゃない。どんな仕事するの?　もしかして、営業?」

あなた：「あ、はい。営業なんです」

「あ、叔母さん。勘違いしないで、保険に入ってという電話じゃないから」

注：間を開けずに、すぐに叔母さんへの勧誘ではないことを伝えます。

―続けて―

あなた：「保険の営業って難しいことは知っている。そのことで叔母さんに相談に乗ってほしくて電話したんだ」

―二者択一のアポイントに移行する―

あなた：「今度の連休に、そっちへ行くんだけど…。○日と△日だったら、どっちか空いてますか？　時間はそんなに取らせないので…」

叔　母：「そうね、○日だったら、いいかしら」

祝　アポイント成功！

あなた：「じゃあ、○日に叔母さんちに行きます」
「そのときに、どうして保険会社に転職したのか、これからのことなどをお話したいし、営業の相談にも乗ってほしいので」

―当日までの戦略―

目的は、親せきのBさんやほかの人のライフイベントの変化に関する情報収集と、叔母さんに協力者になってもらうこと。叔母さんは、親戚中の情報に詳しい。例えば、どこどこさんが最近家を改築した。どこどこさんの子供が有名高校に合格したなど。

―面談当日―

あなた：「叔母さん、お変わりありませんか」

注：ここでは、あまり他人行儀になりすぎない程度に、お礼を伝えます。

●解説

ここからは部長に使ったトークと同じように進める。部長編では、課長を想定しながら、部長に話を聞いてもらいましたね。ここでは、別のB叔母さんを想定しながら、A叔母さんに話を聞いてもらいます。

あなた：「先日、お電話でお伝えしたように、転職をして1ヵ月間しっかり研修を受けて、自分自身たくさんの驚きがありました。これは大切な人にぜひ知ってもらいたい、と」

「そんなとき、真っ先に叔母さんの顔が浮かびました。叔父さんはどんな形の保険に入ってらっしゃるんだろう。叔母さんの家族のプランに沿ったものなんだろうか…」

「ああ、でも、叔父さんはたくさんのお付き合いがあって、きっと無理だろうな、と次の瞬間考えました」

「それで…次に気になったのが、B叔母さんのことです」

「このことでも、B叔父さんやB叔母おばさんに直接言ってもダメだろうなとすぐに思い直しました。何しろ、生命保険の営業ですからね」

「それで、その前にA叔母さんにご相談しておかなければダメだと思って、今日はお伺いした次第です」

叔　母：「ああ、そうだったわね」

あなた：「ところで叔母さん、当社は近代生命という会社ですが、知ってますか？」

叔　母：「知ってるわよ。テレビコマーシャルもやっているよね」

あなた：「ありがとうございます！」
「それではまず、近代生命とはどういう会社なのかということを、もう少し、ご理解していただきたいと思っています」
「ちょっとこちらの資料をご覧いただきたいのですが、実はこの会社は、〇〇〇〇という立派な経営ポリシーを持っているんですね」

叔　母：「それはすごいわね」

あなた：「ありがとうございます。実は、今年創業〇〇年で、総売上〇〇兆円ですとか、運用資産総額〇〇兆円と書いてあります。あまりにも大きな金額すぎて分かりにくいのですが、とにかく安心できる企業だということを、ご理解いただければと思います」

叔　母：「はい。そうね」

あなた：「ありがとうございます。多くの方が当社を信用して、安心してお客様になっていいます。ここまで大丈夫ですか？」

叔　母：「はい、大丈夫」

あなた：「ありがとうございます」

●解説

繰り返しますが、会社の内容も知らずに転職したのかと思われては台なしです。会社の歴史や概要は頭に入れておきましょう。順序は、転職動機を先に説明し会社の説明はあとでも問題ありません。

転職理由は聞かれなくてもしゃべるようにしましょう。もしも、どうして保険営業に？と聞かれたら、部長のときと同じように対応してください。この場面がハイライトです。

―自身の転職動機を語ります―

あなた：「では、僕（私）がどうして、この会社に転職することにしたのかを、少しお話させていただきます」

例えば次のように話します。

「僕は、営業は嫌いではありませんが、生命保険の営業マンだけには、なるつもりはありませんでした。大学卒業のときも、母親からそれだけは止めてと言われていたので（笑）」

「でも、企業説明会のときに聞いた生命保険のセールスの方の内容やマナーが、今までのイメージと全然違ったんです。話を聞いて、生命保険の仕組みや役割を知ったんです。そのとき初めて生命保険を販売することの意義に気づき、これこそ僕がやらなければならない、そう、天職だと思って転職を決意したんです」

「そして、研修で生命保険の正しい知識や社会的役割を知るにつれ、自分の営業としての使命は、これだと思うようになりました」

「それは、お客様とそのご家族のライフプランの実現や目標に寄り添い、もし、万一のことがあっても、悔いのない人生が送られるよう、生命保険でお手伝いをすることです」

注：相手が誰であろうと、ここの転職理由や動機はとても大切です。まずは、自分が納得していなければ、他人が納得するわけがありません。入社したときに悩んだことを思い出し、入社を決めるまでの葛藤など、自問自答を繰り返してください。そして、誰が聞いても納得のいく内容であることが重要です。

―「入社動機を語る」から「基本的な保険の仕組み」へ展開―

あなた：「ところで話は少し戻りますが、叔父さんは生命保険に入っていますよね。どちらの保険会社ですか？」

叔　母：「サクセス生命よ」

●解説

部長編のように、月々の保険料や払込期間を聞いても構いません。目的は別のB叔母に展開するため、この叔母には深入りしません。

あなた：「実は、会社で勉強をして分かったことがあるんです。それは、多くの人が、万一の保険金額、月々の保険料くらいまでは、大体分かっているようですが、いつまで、保険料を払い込むかとか、どんな保障内容かなど全ては分かっていないということなんです」

叔　母：「そうなの」

あなた：「皆さん家族のために加入しているのに、その保障額、保障期間などの内容も分かっていない方がたくさんいらっしゃるんです」

「叔母さんが、もし一軒家を購入されて、間取りが分からないことってないですよね？」

「でも、こと生命保険となると、大きな買い物で大切な目的があるのに、家族のためにきちんと合っているかどうか分からない、内容が分からない、そう思われている方が多いようなんです」

叔　母：「へー、そうなの」

あなた：「それで、多分B叔父さんも、ほかの人と同じように内容が分かっていない、もしかしたら、希望していた内容と違っていたら大変ですからね。実際、そういう方も多いようです」

叔　母：「ふーん、そんなものなのかね」

あなた：「叔母さん、実は生命保険って、意外に簡単だということも会社の研修で知ったんです」

「これから5～6分、保険の仕組みを説明します。この話を聞いていただけると、現在、日本で販売されている生命保険の商品が、ほとんど理解できるんですよ(笑)」

叔　母：「そうなの？」

あなた：「はい、おおよそ分かるようになるはずです。それくらい簡単なものなのでお伝えしたいのですが、よろしいですか？」

叔　母：「ええ、いいわよ」

あなた：「それでは今、日本に生命保険会社はそもそも何社くらいあると思いますか？」

叔　母：「さあ、10社くらい？」

あなた：「今は41社あります。41社の生命保険会社で販売されている名前のついている保険商品は、分類の仕方にもよるようですが1，000種類くらいあると言われています。ところがその約1，000種類の商品は、ほぼ3つの基本的な保険の組み合わせでできているんです」

「ですから、この3つの保険を叔母さんが理解すると、さきほど私が言ったように、今日本で販売されている大半の生命保険商品を、ほとんど分かるようになるんです」

叔　母：「へー」

あなた：「ということは、生命保険は、とっても簡単ということなんですね」

「それでは、分かりやすく説明させていただきますね」

―紙に書いて3つの保険の説明をします―（図表は107頁以降を参照）

あなた：「ここまでは、ご理解いただけましたか？」

「念のため、こちらの『ほけんのキホン』*で再度確認・説明します」

叔　母：「分かりました、はい」

あなた：「ということは、叔母さんは日本で販売されている商品の仕組みは、おおよそ分かったことになります」

叔　母：「そうなの？　じゃ、自分の入っている保険も分かるの？」

あなた：「分かるはずです。叔母さんも、ご自分の生命保険の加入内容が気になった？」

叔　母：「そうね」

……………………………………………………

あなた：「それで、皆さん気になって自宅にある保険証券を見てみると、そのあとほとんどの場合、さっぱり分からなかったって言われるようなんです。実は保険証券の記載が細かく複雑で、分かりづらいみたいなんです」

―ここで、自分が用意していた保険証券のサンプルを見せてもよい―

あなた：「日本の保険のほとんどは、説明した保険のどれかの組み合わせでできているんです。それで、加入中の保険を見させていただくと、残念ながら、多くの方が自分の希望している内容ではなかったとおっしゃいます。*生命保険文化センターの調査では、加入中の生命保険について充足感ありは46・1％なのですが、残りの約54％の方が、自分の加入保険に対して満足していない、あるいは不明というデータもあるほどです」

「今日の私の話で気になって確かめてみたいと思ったら、『あの子は、分かりにくい保険のことを、分かりやすく説明してくれる』だから、30分位時間が取れないか」とB叔父さんに伝えてほしいんだけど」

＊部長編で使用した生命保険文化センターの冊子
＊生命保険文化センター（「生命保険に関する全国実態調査（速報版）」平成30年9月）

―叔母があなたの話に乗ってくれた場合―

叔　母：「何だそういうことなの？　いい話だったわ。あなたのこともよく分かったわ」
「それなら、B叔父さんの前に、私の保険から相談に乗ってちょうだい！」
あなた：「あ、はい」
叔　母：「じゃ、ちょっと待ってね、保険証券持ってくるから」
あなた：「ありがとうございます」（笑）

「叔母さん！　もう少し時間ありますか？」

―証券分析に入る―

●解説

　このケースでは、叔母が自分の保障内容が心配になり、保険証券をタンスから持ってきました。これでアプローチは成功ですね。

―このまま、時間延長でいくか日を改めるかを尋ねる。日を改める場合は、また二者択一のアポイントに移行する―

注：次回の面談場所は自宅にすること。喫茶店やファミレスで面談してはいけません。必ずご主人がいる時間帯に設定します。

あなた：「それでは次回は、A叔父さんも同席された方がよいと思うので、よろしかったら、休日の日中はいかがですか？」

「可能なら来週の土曜日の○時頃、もしくは日曜日の○時頃だと嬉しいですが、どちらの方がいいですか？」

叔　母：「家だったら、来週の日曜日がいいわね」

あなた：「なるほど、分かりました」

「本日は貴重なお時間どうもありがとうございました」

叔　母：「とんでもない！　こちらこそ」

あなた：「またよろしくお願いいたします」

●解説

ポイントは自宅です。何としても自宅を訪問し、後で反対されないよう夫婦一緒に聞いていただくことです。今日、叔母さんが納得しても、明日になってそれをご主人に上手に伝えることはなかなかできないからです。

―叔母さんが話に乗らず、自分の夫ではなく別の親せきの叔父に紹介となる場合―

叔　母：「なかなかよく分かったわよ。じゃ、B叔父さんに話をしておくわ」

注：このとき、叔母さんに任せてしまうと大概は失敗します。そこで、こんな風に伝えてくださいとお願いします。

あなた：「最初は、保険の話だし、どうかなと思って話を聞いたんだけど、ためになる話なので、B叔父さんにも必ず喜んでもらえると思う」

「ついては、カズトシちゃんから電話をさせるから」

●解説

以上の話を叔母がしっかり聞いてくれたので、叔母がその気になって、まずは自分からと言い出してくれることがそもそもの狙いです。そうなったら、予定通り叔母に矛先を向けて、営業を展開してください。

しかし、この手法を使うことで、最低でも当初の目的だった親せきのＢ叔父さんに話はつながることになります。頑張って、このロールプレイを行ってください。

ここで、もし相手がこの手法を知っていたら、そのときは、部長のときと同じです。素直に次のように謝ってください。

あなた：「本当は叔母さんに直接話を聞いてほしかったんです」

「でも、生命保険だったので、先に断られるのが怖くて…。ごめんなさい。申しわけありませんでした」

「生命保険って結構誤解されているものですから…」

叔　母：「そうだよね。でも、ありがとう、これで保険のことがよく分かったわ（笑）」

第4章 皆さんへの体験的アドバイス

最後に筆者の体験から少しアドバイスをさせていただきます。
本文に書かせていただいたように、筆者も転職組です。ほとんどの皆さんと一緒で、子供の頃には野球選手や旅客機のパイロットなど、夢見たいくつかの職業はありましたが、「生命保険の営業になりたい」とはまったく考えていませんでした。そして、この生命保険業界に転職したのは、30歳のときです。もちろん、生命保険の営業がどれほど大変なのか知らなかったわけではありません。

地道な仕事に悶々とする日々

少し時間を巻き戻します。筆者は地方の高校を卒業した後、関西の私立大学に進学しますが、その大学に進んだ自分に納得できず、中退し浪人しました。しかし、翌年の受験はことごとく失敗し、もう1年浪人して東京の大学を卒業し、とある専門商社に入社しました。当時は、「さあ、世界を股にかけて」などと夢を描いていましたが、現実は地道な貿易業務を繰り返す毎日でした。

給料はちっとも上がらず、6年ほど経った頃、ある新聞に「30歳男性の平均年収」という記事を見つけショックを受けました。「やっぱり…」と思うと同時に、強烈な敗北感を味わったのです。年収は入社以来ずっと300万円。片や全国平均は400万円以上だったと記憶しています。僅差、誤差どころではありません。年収で完全に負けていたのです。

「いったい、この6年間は何だったんだ?」「無理をして東京の大学になんか行かなければよかった」とか、「親に顔向けができないじゃないか」など、後悔の念ばかりが湧いてきます。ずっと不満の火種はあったためか、転職の虫が大きく騒ぐことになります。

ご存じのとおり、求人欄には、「○○ができる人」とか「営業マン求む」などの要件が書かれていますが、はて自分は? と振り返ったとき、人に誇れるような確かなスキルが身に付いていないことに二重にショックを受けます。でも、これは自分の問題ですね。

●貿易事務の一片にしか触れてない自分は社会人としてどうなのか?
●企業の一員として一人前とは言えないのではないか?
●定年までこの仕事を続けていく価値はあるのか? などなど

次々に反省と懺悔の思いがリフレインします。そんなとき、ある会社の、「未経験でも可、営業マン求む！」という求人を発見します。

実は、生命保険会社に入る前、この求人広告を見て転職したのです。営業経験がなかったので一所懸命頑張ったのですが、残念ながら業績向上を担うようにはなれませんでした。それでも1年半勤務しました（その間も給料は変化なし）。

しかし、仕事内容や将来性などを考え、さらに自分がその仕事に満足・納得していないことから、また転職の虫が騒ぎ始め、週末になると新聞の日曜版を食い入るように見つめる自分がいました。

ついに外資系生命保険会社に転職

そして、あるとき「アメリカから新商品を携えて日本に生命保険会社が上陸！営業開始のため社員募集」との広告が載っていました。「日本に黒船来る！」そんな感じで、なぜか強烈にこの会社に入ってみたい気持ちが強くなる半面、生命保険の営業じゃないかと反対する自分との葛藤が始まりました。

そりゃそうです。ただでさえ営業経験がほとんどなく、東京での友人・知人が少ないのに、保険営業が果たしてできるのか？　二度、転職することになり、田舎の両親に心配や負担をかけるのではないか。友人は何て言うだろう、親せきはどう思うのか…心は大きく揺れ動きました。でも、迷っているのは前に進めというサインです。結局その外資系生命保険会社に営業マンとして入社することになりました。

その後、生命保険の基本的な知識と自社商品について約２ヵ月の研修を終え、生命保険協会の試験にも満点でパスしました。心配性だったので、何を聞かれても答えられるよう猛勉強しました（こんなに勉強したのは大学受験以来）。

さて、厳しくも楽しかった研修も終わり、いよいよ営業の現場に出るというとき考えたのは「さあ、どこへ行こうか！」ということでした。どこに行っても自由と言われていましたが、自己負担の交通費をムダにできるはずはありません。新人のうちは月々の収入の交通費が占める割合が大きいため、効率的にアポイントを入れなければなりません。

もう一つ気になることがありました。それは、仮に親しい先から契約をいただいても、そこから紹介を入手しなければならない、そして、さらにその紹介先から次の紹介を入手しなければ、やがて行き先はなくなるということです。

紹介の紹介はまったくの他人じゃないのか?

つまり、まったく知らない他人（紹介の紹介は赤の他人と同じ）に対して、遠くない将来ちゃんと保険営業ができなければ、この業界では死を意味するのです。逆に言えば、今、知らない人に対して営業ができていなければ、将来、堂々とした営業ができるはずがないことに気づいたのです（いつまでも知人が営業対象ではないのだと）。

話は脇道にそれますが、保険営業は、堂々と自信をもって行うことが大切だと考えています。当時も、卑屈に手もみをしながら相手に合わせるのは、おかしいと思っていました。相手の身になって、気づかない点を指摘して改善策を提案するのに…。ふんぞり返るのはいただけませんが、自信をみなぎらせた営業マンが好感を持たれるのに決まっています。

話を戻します。最終的に出した結論は、「まったく知らないところに営業できないなら、この業界では食っていけない！」ということでした。そこで肝試しと将来への練習も兼ねて、白地開拓、いわゆる飛込営業をしようと決心しました。というのも、営業開始から数日間、見込客リストを広げて恐る恐る、しかし元気よく訪問アポイントの電話はしましたが、結果は予想どおり全滅。遠回しに、あるいは、けんもほろろに断られていたのでした。

さて、飛込営業をするには行き先を決めなければなりません。しかし一軒一軒インターフォンを鳴らし、不審がられて断られ続けることを考えるとぞっとしました。前職や、前々職で人付き合いが悪かったことを後悔し、「こんなことなら、もっと仲良くしておけば…」とくよくよと後悔していました。

そんなくよくよとは関係なく、一方では刻一刻と査定期限が迫って来ます。給与をもらう限り、査定期間の３ヵ月で会社が求める数値をクリアする必要がありました。しかし、なかなか友人や前職の知人からは色よい返事がありません。日にちはどんどんと過ぎていき、困り果ててしまいました。

前々職の先輩との運命的な出会い

営業に出て1ヵ月ほど経ったある日、前々職の先輩から電話がありました。その先輩は筆者が社会人としてまだ新人の頃、よく飲みに誘ってくれたり、共通の趣味であるジャズを教えてくれたりと、面倒見のいい優しくておせっかいな人でした。そんな先輩との再開は銀座の喫茶店だったと記憶しています。

先輩も、転職し印刷会社の営業として絵画の個展案内のはがき印刷を担当していました。そこで、筆者の営業先について相談したところ、先輩は「画廊に行ってみればいいよ！」というではありませんか。これは大きなヒントとチャンスをもらったのだと考えました。

会社からは、変額保険は少し金持ちを対象にするとよいと聞かされていたこともあり、画廊のオーナーにアプローチすることにしました。また、画廊は「いつでも出入りできる」という飛込営業には好都合な面もありましたが、一方で、入り込み、なじみとなり、信頼を得て契約をいただくまでは並大抵ではないとも思いました。

でも、ここで、生命保険の契約が成約できれば、これ以上自信になる経験はないとも考え、「絶対成功させるぞ、期限はあと2ヵ月だ！」と気合を入れ直しました。

変額保険には絶対的な自信がありました。その可能性、将来性は日本の生命保険の歴史を変えるとさえ思っていました。しかし現実には、商談の前段階で断りが続いていたため、保険の話を聞いてくれないことが多いという問題に直面していました。

年齢も立場も違う相手のパターンを全て予想して飛込営業するなんて芸当は自分にはできない。そんなのは無理だと思いました。100人いたら100通りの考えがあります。だったら、相手の考えを勝手に想像、想定するのではなく、自分が相手の立場だったら…と考えるようにしました。自分が嫌だと感じれば、相手もそのはずだし、逆に自分が心地よい・嬉しいなら、相手もそう思うだろうと考えました。一つひとつの行動を相手の立場でシミュレーションする習慣が付いたのもこの頃です。

飛び込み先から1件の成約が生まれる

飛び込みを始めてから2ヵ月が過ぎた頃、感触の良い画廊オーナーに出会いました。この頃になると、どこがダメでどこがいけそうか、感覚で分かるようになっていました。プレゼンも予定どおりこなし、クロージングを経て相手が検討の沈黙に入りました。この沈黙が怖くて、色々としゃべりだす営業マンもいますが、筆者は研修で学んだ「沈黙」という手法をここで使いました。

しばらくして、「これでいいよ！」との嬉しい返事。思わずテーブルの下で小さくガッツポーズしました。この契約が高額だったことで、査定はクリアできました。そうなると不思議なもので、その1週間後、並行して飛込営業をしていた別の画廊からも高額の契約をいただけたのでした。

銀座での飛込営業を3ヵ月くらい続けたある日、「カズが売っている保険ってどんなの？ ちょっと教えて」と、先輩が入りたい雰囲気ありありで言ってきたのです。そこで手順どおりプレゼン～クロージングを経て、先輩から契約をいただくことができました。再会から随分と時間が経ちましたが、ようやく信頼が得られたのでしょう。

再会の日以来、先輩には逐一営業活動を報告していました。先輩の頭の中は、筆者からの失敗談とともに画廊の印象や成否の報告を聞くにつれて、売っているのはきちんとした保険なのだろうと思うようになり、詳しく知りたい気持ちに変わったのだと思います。

振り返ると、先輩との再会から成約まで約３ヵ月が経っていました。つまり、警戒心から関心に変わるのに、この方法では３ヵ月かかったわけです。本書の手法は筆者が当時３ヵ月かかっていたものをわずか30分で実現させるものです。さらに言えば、これは「第三者の影響を活用する」方法のひとつなのかもしれません。

終わりに

マイナスイメージから解放させたい

本書で紹介した手法は、面談相手に直接的なプレッシャーがかからないため、相手は断ろうという気持ちから解放されて前向きに話を聞けることと、営業マンとしても面談相手を直接のターゲットとしていないため、物欲しいというマイナスイメージから解放される点で優れています。この手法は以前支社にいたとき、支社長から聞いたひと言がヒントになり、そのときから温めていましたが、定年退職を契機に文章化することにしました。

筆者は生命保険会社に営業として入社し、代理店担当、本社各部署を経験し定年まで勤め上げ、さらに再雇用として現在に至っています。今も競争が激しく、生命保険営業は厳しい試練の時期に入っています。少しでも生命保険業界に営業として入社した皆さんの参考になればと思っています。

ここまで、読んでいただいて、ありがとうございました。小さなエピソードまで思い出しながら書かせていただきました。でも不思議です。30年以上前のことですが、つい昨日のことのように思い出されます。

最後に、この本が出版されるまで、いろいろと支援をいただいた近代セールス社の大内さん、竹信さん、本当にありがとうございました。

西　一俊

[著者プロフィール]
西　一俊（にしかずとし）

1956年　高知県土佐市生まれ。血液型Ｂ型
1981年　明治大学商学部商学科卒業後、専門商社に入社し外国課勤務
1985年　某オゾン発生器メーカーへ転職
1987年　外資系生命保険会社に営業マンとして入社
1988年　入賞基準の２倍の挙績で社長杯入賞
1989年　代理店営業部へ異動。代理店担当として大阪勤務
1992年　契約部へ異動。申込書類のチェック業務を担当
1994年　営業教育部教育企画課へ異動。研修教材作成およびトレーナー業務を担当
1999年　営業教育部研修課長を拝命
2001年　支社の業務統括として社員教育を含む支社業務を担当
2013年　支社業務から本社営業教育部へ異動。新人教育研修を担当
2016年　定年後再雇用として営業教育部で勤務中

転職間もない保険セールスマンに贈る
断られないテレアポとアプローチトーク

平成31年1月29日　初版発行

著　者――――――西　一俊
発行者――――――楠　真一郎
発　行――――――株式会社近代セールス社
〒164－8640　東京都中野区中央1－13－9
電　話　(03) 3366－5701
FAX　(03) 3366－2706

印刷・製本――――広研印刷株式会社
イラスト・デザイン――与儀勝美

ISBN978－4－7650－2125－8